आनन्द
की
प्यालियाँ

आनन्द की प्यालियाँ

डॉ. विजय अग्रवाल

BENTEN
बेन्तेन बुक्स

Published in India by

BENTEN

Benten Books

11, Suruchi Nagar, Kotra,
Bhopal, INDIA 462003
Phone- 0755-4245626
E-mail : bentenbooks@gmail.com
Website : www.bentenbooks.com

First published: 2008
This edition : 2016

ISBN : 978-81-907025-0-8

Printed & bound in India by : Manipal Technologies Limited
& Published by Mr. Sannidhya Narayan for Benten Books.

Price : Rs. 145/-

क्रम

जिनकी मौजूदगी और ठहाके

आनन्द की गारंटी होते थे;

ऐसे चुंबकीय व्यक्तित्व वाले बड़े भाई

डॉ. शंकरदयाल सिंह जी

की पुण्य स्मृति को समर्पित

शुरुआत

न जाने क्या हुआ कि एक दिन मन अचानक ही आनन्द से भर उठा। अंदर कुछ-कुछ होने लगा और लगा कि पूरी धरती खुशियों और सुन्दरता से पटी पड़ी है। मैंने जब अपनी इस अनोखी अनुभूति के कारणों की खोज करनी चाही तो पल्ले कुछ नहीं पड़ा। आनन्द के इस क्षण विशेष में ऐसा कुछ भी विशेष नहीं हुआ था, जिसे मैं इसका कारण ठहरा सकता। यदि कुछ हुआ था, तो केवल यही कि मन आनन्द से गदगदा गया था, यूँ ही, अकारण ही।

तो क्या आनन्द अकारण ही आता है? बस इसी प्रश्न का उत्तर देने के रूप में यह पुस्तक बनी है। ऐसा मैंने जानबूझकर किया है, ताकि यह किताब किसी भारी-भरकम सिद्धांत और ऊबाऊ लम्बे प्रवचनों से बच सके।

यदि मेरे साथ एक ही बार ऐसा हुआ होता, तो शायद मैं उसे संयोग मानकर छोड़ देता, लेकिन जब ऐसा कई-कई बार हुआ, तो जाहिर है कि आनन्द की खोज की मेरी जिज्ञासा न केवल बढ़ती ही चली गई, बल्कि मुझे अपनी जिज्ञासा को शांत कर पाने का आधार भी मिलता चला गया। अन्यथा यह संभव था ही नहीं।

दूसरों की दूसरे जानें, लेकिन इस पुस्तक में मैंने अपनी बात अपने तरीके से कहने की कोशिश की है और जहाँ भी मुझे अपनी बात के समर्थन में दूसरों की बातें मिलीं, मैंने उन्हें लपक लेने में कोई कंजूसी नहीं दिखाई है।

मेरे अनुसार ***आनंद मूलतः एक मानसिक स्थिति है, चेतना की अवस्था है।*** यह चेतना की उस अवस्था में घटित होता है, जब चेतना पर न

तो कोई दबाव है, न द्वन्द्व है, न तनाव है, न उलझाव है और न ही और कुछ है, सिवाय उन्मुक्त चेतना के। जब चेतना अपनी विशुद्ध अवस्था में रहती है, तो उस चेतना का स्वामी आनन्द की अवस्था में रहता है।

इसलिए आनन्द की प्राप्ति के रास्ते में सबसे बड़ी चुनौती यही है कि जटिलता से खचाखच भरे इस समाज में हम अपनी चेतना को कैसे उन्मुक्त रख सकते हैं, एक बिल्कुल आजाद पक्षी की तरह कि वह जहाँ चाहे और जितना चाहे, उड़ान भर सके।

मैंने अपने अवलोकन के द्वारा कुछ ऐसे तथ्य जुटाए, जो चेतना के पंखों पर लगातार बोझ बने रहते हैं और यहाँ तक कि इसके पंखों को कुतर तक देते हैं। इन तथ्यों की पहचान करने के बाद मैंने कुछ प्रयोग किए और फिर इनसे मिले नतीजों के आधार पर ये छोटे-छोटे लेख लिखे।

हो सकता है कि आपको इन लेखों में बौद्धिकता की वह चमक दिखाई न दे, जिसके आप आदी हो चुके हैं। यह भी हो सकता है कि ये आपको इतने अधिक सामान्य दिखाई दें कि आप इन्हें पढ़ने लायक ही न समझें, लेकिन मैं आपको विश्वास दिलाना चाहूँगा कि यह कतई नहीं हो सकता कि आप इन्हें पढ़कर थोड़ा सा भी अमल में लाएँ और आपका जीवन पहले जैसा ही बना रहे।

सच यही है कि ये छोटे-छोटे टुकड़े आनन्द के रस से भरी हुई छोटी प्यालियाँ ही हैं। जैसे-जैसे आप इन प्यालियों का पान करते जाएँगे, वैसे-वैसे आनन्द की खुमारी आप पर चढ़ती जाएगी। आप स्वयं महसूस करते जाएँगे कि आपके सोचने-समझने के तौर-तरीके धीरे-धीरे बदलते जा रहे हैं। आपको लगने लगेगा कि आपके अंदर के भटकाव धीरे-धीरे थमते जा रहे हैं और आपकी चेतना को एक ऐसी ठोस और वैज्ञानिक दृष्टि मिल रही है, जिसको आधार बनाकर वह सही निर्णय लेने में सक्षम हो गई है।

जैसे ही किसी को यह दृष्टि प्राप्त होती है, वैसे ही उसकी चेतना पर पड़ने वाले सारे अनावश्यक दबाव अपना वजूद खो बैठते हैं और बस, यहीं से आनन्द के आगमन का आगाज़ हो जाता है।

यह पुस्तक आपकी इसी में मदद करेगी।

आप इसे बिल्कुल अन्यथा न लें और न ही महज एक औपचारिकता समझें, यदि मैं अपनी हर किताब की भूमिका में अपनी पत्नी प्रीति और अपने बेटे सान्निध्य के प्रति आभार व्यक्त करता हूँ। तो इसे आप इस रूप में लें कि हम तीनों की यह एक संयुक्त टीम है, फिलहाल जिसकी कप्तानी की जिम्मेदारी मुझ पर है। ये दोनों मेरे न केवल आत्मिक और भावनात्मक सम्बल ही हैं, बल्कि मेरी बौद्धिक उत्तेजना के आधार भी हैं। क्या इनके अभाव में यह काम किया जा सकता था? नहीं न।

आप इसे पढ़ें। पढ़कर गुने भी और गुनकर करें भी। तब मुझे बताएँ कि आपको भी कुछ-कुछ हुआ कि नहीं। पढ़ने की शुरुआत इस विश्वास के साथ करें कि 'मुझे भी कुछ-कुछ जरूर होगा।' यदि यह एक बार हो गया तो, आप इसके इस बुरी कदर आशिक होकर पीछे पड़ जाएँगे कि वह कई-कई बार होने लगेगा। यही तो हमें चाहिए और इतना ही चाहिए।

फिलहाल इतना ही।

आपका

डॉ. विजय अग्रवाल

ई-मेल : vkagrawal57@gmail.com
वेबसाइट : www.vijayagrawal.com

1 बहुत सरल है हमारा जीवन

शरीर जीवन के अर्थ को सार्थकता प्रदान करने वाला एक माध्यम है।

कितना सरल है हमारा जीवन। कितना सहज है इस जीवन का सारा गणित कि सब कुछ अपने आप ही तो होता चला जाता है- साँस का आना-जाना, पलकों का गिरना-उठना और शरीर की हर उस क्रिया का होना जो हमारे इस अस्तित्त्व की रक्षा के लिए अनिवार्य है। सब कुछ स्वचालित है, ऑटोमैटिक है। यहाँ तक कि हमारे शरीर ने भी अपनी क्षमताएँ अपनी जरूरत के अनुसार विकसित कर ली हैं। उसने आँखों को एक कोटर में सुरक्षित रखा है, ताकि चोट लगने पर यह फूटे नहीं। यदि नाक और कान को शरीर के बाहरी हिस्से में रखा, तो उसे लोचदार बना दिया, ताकि आसानी से टूट न जाए और यदि टूट भी गई, तो उससे जीवन की साँस नहीं टूटेगी। वह जारी रहेगी। मस्तिष्क; जो जीवन का आधार है, उसे कपाल जैसे कठोर आवरण में ढँककर रखा। दो किडनियों की जरूरत नहीं थी, लेकिन प्रकृति ने हमें दो दीं, ताकि यदि एक फेल हो जाए, तो दूसरी काम करती रहे। सचमुच, कितनी अद्‌भुत निर्मिति है-हमारा यह शरीर इस प्रकृति की। निश्चित रूप से बेहद जटिल किन्तु स्वचालित।

यह तो हुई शरीर की बात, लेकिन हम कभी ऐसा नहीं कहते कि हम शरीर को जी रहे हैं। हम हमेशा यही कहते हैं कि हम जीवन जी रहे हैं। इसे इस तरह से समझा जा सकता है कि शरीर के मृत होने के बावजूद

जीवन चलता रहता है। यह एक अनन्त और अबाध यात्रा है, जो कभी नहीं थमती। थम ही नहीं सकती। थामी भी नहीं जा सकती और थामी भी नहीं जानी चाहिए। अन्यथा शरीर होने का अर्थ समाप्त हो जाएगा। यदि शरीर केवल शरीर रह जाए, तो वह अपना अर्थ खो बैठेगा। उसका अर्थ ही इसलिए है, क्योंकि शरीर के माध्यम से हम जीवन को जीते हैं और जीवन का अपना एक विशेष प्रयोजन है। इसका मतलब यह हुआ कि शरीर जीवन के अर्थ को सार्थकता प्रदान करने वाला एक माध्यम है।

और बस यहीं से सारी गड़बड़ियों की शुरुआत हो जाती है। यह इतना सीधा, सरल जीवन बेहद जटिल, उलझावपूर्ण, घुमावदार और विचित्र किस्म की भूल-भुलैया बन जाता है। जीवन समाज से बनता है। जैसे ही हमारा यह शरीर समाज का सदस्य बनता है, वैसे ही जीवन की शुरुआत हो जाती है और जैसे ही हम अपने इस शरीर को समाज का हिस्सा बना देते हैं, वैसे ही हम समाज के सारे तत्त्वों और मूल्यों को आत्मसात करने के लिए बाध्य हो जाते हैं। यह एक प्रकार से अपने ही हाथों से अपने ही ऊपर मछली पकड़ने का जाल डाल लेने जैसा है। यह जाल है-मान्यताओं का, परम्पराओं का, धर्म का, रीति-रिवाजों का, सभ्यताओं का, संस्कृतियों का, संस्कारों का, कानूनों का तथा और भी न जाने किन-किन का।

शरीर एक, जीवन भी एक और उसके ऊपर लादे गए ये बोझ अनेक। शरीर की यह एक सीधी-सादी सी रेखा इन तिर्यक रेखाओं की भीड़ में फँसकर अपना सीधापन खो बैठती है और यहीं से शुरू हो जाती हैं-जीवन की विडम्बनाएँ, दुनिया भर के चकल्लस, तनाव, आपाधापी तथा और भी न जाने क्या-क्या; वह सब कुछ; जो मनुष्य का मस्तिष्क सोच सकता है और उसका शरीर कर सकता है। जैसे ही हम सोच के द्वारा रचे गए इस चक्रव्यूह के अन्दर घुसते हैं, वैसे ही हम अपने मरण के घोषणा-पत्र पर पूर्व-हस्ताक्षर कर देते हैं। हमारी सारी क्षमताएँ, हमारी सारी स्वतंत्रताएँ, हमारी सारी स्वाभाविकताओं का दम घुटने लगता है। जैसे ही हम चिल्लाने की कोशिश करते हैं, वैसे ही या तो हमारा मुँह बन्द कर दिया

जाता है या हमें पागल करार दिया जाता है। यदि इन सबसे भी बात नहीं बनी, तो हमारा गला घोंट दिया जाता है। हमारे गले से एक तेज़ चीख निकलती है, हमेशा-हमेशा को शान्त हो जाने के लिए और यह सीधा-सरल शरीर समाप्त हो जाता है।

सचमुच, कभी-कभी मन बेहद आतंकित और आशंकित हो उठता है, यह सोचकर कि जीवन का विकास सरलता के जीवन में है या कि जटिलता के जीवन में। जटिलता का जीवन व्यवसायों का जीवन होता है। यदि कानून में जटिलता न हो, तो वकीलों की कोई जरूरत नहीं रह जाएगी। हम यही करते हैं। पहले हम अपने जीवन को जटिल बनाते हैं। फिर उसे सुलझाने के लिए तरह-तरह के विधि-विधान बनाते हैं। जब इन विधि-विधानों का उपयोग किया जाता है, तब फिर कुछ जटिलताएँ पैदा हो जाती हैं। इन जटिलताओं को सुलझाने के लिए फिर कुछ विधि-विधान बनाते हैं और सबसे मजेदार और हास्यास्पद स्थिति तब पैदा होती है, जब हमारे अभी तक के विधि-विधान या तो पूर्व के विधि-विधानों के बिल्कुल समान दिखाई देने लगते हैं या फिर उनके बिल्कुल ही विपरीत। ये दोनों ही स्थितियाँ हमारे पराजय की गवाही देती हैं। यदि अभी के विधि-विधान पहले ही जैसे थे, तो बीच का यह सारा प्रपंच किया ही क्यों गया और यदि वे पहले के बिल्कुल विरोधी हो गए हैं, तो निश्चित रूप से हमारा अपनी परम्पराओं के साथ जबर्दस्त संघर्ष होगा और इसी संघर्ष में पिसता रहेगा-हमारा यह बेचारा सीधा-सादा शरीर।

क्या कोई ऐसा उपाय है कि हम अपने इस शरीर की मासूमियत को बचाये रख सके, क्योंकि इसी मासूमियत में रहता है आनंद का रस।

◆◆◆

जर्मनी के प्रसिद्ध रंग निर्देशक फ्रिट्स बेनेविट्ज दुर्घटनाग्रस्त हो गए । इलाज करने के बाद डॉक्टर ने फ्रिट्ज से कहा-'सॉरी फ्रिट्स! मैं आपकी एक आँख नहीं बचा सका। 'जवाब में फ्रिट्ज ने कहा-'धन्यवाद डॉक्टर, आखिर आपने एक आँख तो बचा दी।'

2 सरल ही तो सत्य है

जो चीज सरल होती है, वह सही ही नहीं होती, बल्कि बहुत सहज तथा करने में बहुत आसान भी होती है।

पूरी दुनिया न जाने कब से सत्य की खोज कर रही है। यदि हम इस 'सत्य' को 'सही' कहने लगें, तो इस सत्य के लिए एक बहुत ही सीधी-साधी परिभाषा दी जा सकती है। वह यह कि जो चीज सरल होती है, वह सच होती है। सामान्य तौर पर देखने से तो यह परिभाषा सचमुच बहुत सरल और सही भी दिखाई पड़ती है, लेकिन यदि इसका अभ्यास करने की कोशिश की जाए तो यह इतनी सरल नहीं रह जाती। शायद यही कारण है कि हम सब अपने को धीरे-धीरे इस सरलता से परे ले जाकर जटिलताओं के जंजाल में उलझा देते हैं।

आरंभ में तो सभी चीजें सरल ही होती हैं। प्रकृति न तो जटिलताओं को जन्म देती है और न ही उनका निर्माण करती है। सूरज निकल रहा है, तारे टिमटिमा रहे हैं, नदी बह रही है, हवा चल रही है, चट्टानें अडिग हैं, वृक्ष फल-फूल रहे हैं आदि। सारी क्रियाएँ बहुत सरलता के साथ हो रही हैं। जटिलता वहाँ आती है, जब हम यह सोचने लगते हैं कि ये क्रियाएँ क्यों हो रही हैं या फिर यह कि क्या होनी चाहिए। अन्यथा तो सब कुछ अपने आप हो ही रहा है।

यही हम सबके जीवन के साथ भी है। जब तक जीवन सरल होता है, सही अर्थों में तभी तक वह जीवन रहता है। इसे हम 'जीवन जीना' कहते हैं। इससे परे जाते ही यह 'जीवन जीना' न होकर 'जीवन काटना' हो जाता है।

एक बहुत ही अच्छी फिल्म आई थी- ''अग्निवर्षा'', जो पौराणिक कथा पर आधारित है। इसका प्रमुख पात्र है-अरावसु। अरावसु बहुत ही नादान है, बहुत ही भोला है, सीधा-साधा है और उसे दुनियादारी का कुछ भी ज्ञान नहीं है। उसके बड़े भाई के पास राजपुरोहित का पद है तथा पिता और ताऊ ब्रह्मज्ञानी हैं। उसका चचेरा भाई दस वर्षों तक कठिन तपस्या के बाद इन्द्र से वरदान प्राप्त करता है।

फिल्म के ये सारे पात्र जीवन की जटिलताओं में उलझे हुए पात्र हैं। किसी के पास पद का दम्भ है, तो किसी के पास ज्ञान का। ये सारे जीवन के न सुलझने वाले गणित को सुलझाने के अनावश्यक काम में इतने अधिक उलझे हुए हैं कि अन्त में इनकी मृत्यु ही इनके इस उलझाव को सुलझा पाती है। जबकि अरावसु अपना सहज और सरल जीवन जीते हुए ही बिना किसी प्रयास के स्वयं को इन्द्र का वरदान प्राप्त करने की स्थिति में ले आता है। सच तो यह है कि वह इसके लिए कुछ करता नहीं, बल्कि स्वयं इन्द्र ही उसके सामने उपस्थित होते हैं। अनेक साहित्य और पौराणिक कथाओं में एक नहीं, अनेक ऐसे पात्रों का चित्रण हुआ है, जो जीवन की सहजता में ही जीवन की असाधारणता और अलौकिकता को प्राप्त कर लेते हैं।

यदि हम इस तथ्य को सही मानें तो मुझे नहीं लगता कि इसे सही न मानने का कोई बहुत ठोस आधार हमारे पास है, तो फिर हमें इस परिभाषा को स्वीकार करने में अधिक हिचक नहीं होनी चाहिए कि सरल चीज ही सही होती है। उदाहरण के लिए हम सच बोलने की आदत को ही लें। सच बोलना बिल्कुल भी कठिन नहीं है। जो है, उसे ही तो कहना है। यहाँ न तो कुछ जोड़ना है और न ही कुछ घटाना है। यहाँ तो पेड़ को पेड़ कहना है और नदी को नदी। जबकि झूठ बोलना बहुत कठिन है, क्योंकि वहाँ पेड़ को पेड़ और नदी को नदी न कहकर पेड़ को नदी और नदी को पेड़ कहना है। तो प्रपंच की रचना तो हमें नदी को पेड़ सिद्ध करने के लिए करनी पड़ेगी न कि नदी को नदी कहने के लिए। वहाँ तो जो है बस वह है, बल्कि केवल वही है।

एक बात और। जो चीज सरल होती है, वह सही ही नहीं होती बल्कि बहुत सहज तथा करने में बहुत आसान भी होती है। सच को कभी भी याद नहीं रखना पड़ता। वह तो अपने आप ही याद रहता है, जबकि झूठ को हमेशा याद रखना पड़ता है। झूठ को हम जितनी बार दोहराएँगे उतनी बार उसके अर्थ बदलते जाएँगे, क्योंकि उसमें हमने जटिलताएँ पैदा कर दी हैं। ये जटिलताएँ ही बाद में तनाव और मानसिक दबाव का कारण बन जाती हैं। जैसे ही ये जटिलताएँ हमारे जीवन का हिस्सा बनती हैं वैसे ही जीवन की सहजता नष्ट हो जाती है। ऐसा करके हम सब अपने आपको एक ऐसे चक्रव्यूह में डाल देते हैं, जहाँ मृत्यु निश्चित है।

यह सब होता है हमारी उस बुद्धि के कारण, जिसे हम वरदान समझते हैं। खाली बैठी बेचारी बुद्धि को आखिर करने को कुछ तो चाहिए। तो फिर बस वह यही तिकड़मबाजी रचने लगती है, जबकि यदि यही काम हमारी बुद्धि न करके हमारा विवेक करने लगे, तो वह हमें इस भँवरजाल में कभी नहीं फँसाएगा। बल्कि वह हमें बचाएगा इसमें फँसने से और जहाँ तक हम फँस गए हैं, उससे हमें उबारेगा भी, लेकिन हम हैं कि हमने विवेक को किनारे कर अपनी जिन्दगी की पतवार बुद्धि के हाथों सौंप दी है, जिसने सरलता को नष्ट करके हमें सत्य से दूर कर दिया है।

क्या आपको नहीं लगता कि हम सभी ने अपने-आपको जानबूझकर ही इस प्रकार की दयनीय स्थिति का शिकार बना लिया है? यदि आपका उत्तर है कि "हाँ, लगता है", तो फिर मेरे इस प्रश्न का उत्तर ढूँढ़ने में थोड़ा वक्त लगाएँ कि "यदि आपने ही अपने हाथों से किसी खम्भे को जकड़ रखा है तो खम्भे से मुक्ति कैसे मिलेगी।" निःसंदेह रूप से किसी का भी उत्तर यही होगा कि "खम्भे को छोड़ देने से।" खम्भा आपको नहीं छोड़ेगा। वह छोड़ ही नहीं सकता, क्योंकि उसने आपको पकड़ा ही नहीं है। चूँकि आपने ही उसे पकड़ रखा है, इसलिए आप ही उसे छोड़ सकते हैं, सिर्फ आप ही। इसे छोड़कर देखिये। छोड़ते ही आनन्द की धारा छलछलाकर बाहर आ जाएगी।

◆◆◆

3 बिंदास रूप है जीवन का

हम यह मान ही नहीं पाते कि जीवन समस्या से रहित हो सकता है। इसलिए हम अनजाने में ही समस्याओं को आमंत्रित करने में लगे रहते हैं।

हम सब अक्सर यह मानकर चलते हैं कि किसी एक सर्वोच्च सत्ता ने इस संसार का निर्माण किया है और वह सर्वोच्च सत्ता हम सबका पिता है। यदि हम सचमुच में इस तथ्य को मानते हैं, तो मुझे लगता है कि हमें इस तथ्य को भी मानना चाहिए कि वह केवल पिता ही नहीं है, बल्कि एक अच्छा पिता है और अच्छा पिता हमेशा अपनी सन्तानों के लिए अच्छा ही करता है। यदि हम यह मान लेते हैं, तो फिर यह कहने का तो कोई कारण शेष ही नहीं रह जाता कि "हे ईश्वर, तुमने मुझे जन्म क्यों दिया" या कि "हे ईश्वर, तुमने मेरे सामने समस्याओं का इतना बड़ा ढेर क्यों लगा रखा है?" अगर हम ऐसा कहते हैं, तो साफ है कि हम ईश्वर को एक अच्छे पिता के रूप में स्वीकार नहीं कर रहे हैं।

हमें अपने अन्दर के इस विरोधाभास को समाप्त करना ही होगा। ज्यादातर लोग, जिनमें वे लोग भी शामिल हैं, जिनके पास दुःखी होने का कोई ठोस कारण मौजूद नहीं है, जीवन के प्रति शिकायत करते मिल जाएँगे। अपवादस्वरूप ही कोई व्यक्ति ऐसा मिलेगा, जो जीवन को समस्या के रूप में न लेकर समाधान के रूप में लेता हो। कोई विरला ही मिलेगा, जिसके लिए जीवन शिकायत नहीं, बल्कि एक अनुरोध है। बहुत कम ऐसे लोग मिलेंगे, जो जीवन को जी रहे हैं, उसका निर्वाह नहीं कर रहे हैं।

जब हम जीवन का निर्वाह करने लगते हैं, तो सचमुच में जीवन एक

बोझ, नीरस, उबाऊ और एक शिकायत ही बन जाता है कि "हे ईश्वर, हम क्यों पैदा हुए।" आखिर हम क्यों निर्वाह करते हैं जीवन का ? निर्वाह इसलिए करते हैं, क्योंकि हम जीवन को जीना नहीं जानते या यह भी हो सकता है कि हमें यह मालूम ही नहीं है कि जीवन को जिया कैसे जाता है।

मैं आपको ईमानदारी से बता रहा हूँ कि जीवन को जीने का कोई बँधा-बँधाया फार्मूला नहीं है। उसका कोई सूत्र नहीं है। यह तो बस एक बहती हुई नदी की तरह है, जिसे जहाँ ढलान मिलती है, उधर को हो लेती है। जहाँ कठोर चट्टान मिलती है, वहाँ से मुड़कर कोमल चट्टानों की ओर रुख कर लेती है। इसकी कोई बँधी-बँधाई लकीर या बिछी-बिछायी कोई पटरी है ही नहीं कि आपको बताया जाए कि जीवन को इस तरह जिया जाए। यदि कुछ बताना ही है, तो केवल यही बताया जा सकता है कि जैसे पतंग उड़ती है, जैसे हवा चलती है, जैसे पेड़ झूमते हैं, जैसे बादल घुमड़ते हैं, ठीक वैसे ही जीवन को जिया जाना चाहिए। जब हम अपने जीवन को इतना अधिक खुला और स्पष्ट बना देते हैं, तो केवल जीवन का दायरा ही नहीं फैलता, बल्कि उसकी ऊँचाइयाँ भी बहुत अधिक बढ़ जाती हैं और इस खुलेपन में ही जीवन के सच्चे आनन्द का अनुभव किया जा सकता है।

लेकिन हम ऐसा कर नहीं पाते, जबकि ऐसा करने के लिए किसी विशेष साधन की जरूरत नहीं होती। सच तो यह है कि हम अपने इस विश्वास को ही खो चुके हैं कि बिना समस्याओं के भी जीवन हो सकता है, बल्कि इसके विपरीत हम सभी इस गलतफहमी के शिकार हो गए हैं कि जिसकी जितनी बड़ी समस्या है, वह उतना ही बड़ा आदमी है। बड़ा आदमी बड़ी समस्याएँ। हम यह मान ही नहीं पाते कि जीवन समस्या से रहित हो सकता है। इसलिए हम अनजाने में ही समस्याओं को आमंत्रित करने में लगे रहते हैं। यदि समस्याएँ नहीं आतीं, तो मन बेचैन हो जाता है कि कहीं हमसे कोई गड़बड़ी तो नहीं हो रही है और जब समस्याएँ आ जाती हैं, तब मन पहले से भी अधिक बेचैन हो जाता है कि अब इससे छुटकारा कैसे पाया जाए।

जब भी हमारे सामने कोई समस्या आती है, हम उसके लिए हमेशा किसी न किसी दूसरे व्यक्ति को जिम्मेदार ठहराते हैं। मैं आपको विश्वास दिलाना चाहूँगा कि यदि आप कभी अपने प्रति निर्मम होकर उन समस्याओं का विश्लेषण करें, तो पाएँगे कि आप स्वयं ही उनके लिए जिम्मेदार हैं। यदि आप और भी गहरे उतरेंगे, तो आपको यह स्वीकार करने में तनिक भी झिझक नहीं होगी कि "मैं स्वयं में ही एक समस्या हूँ।" लेकिन यह तब, जब आप जीवन को एक समस्या मानते हैं, अन्यथा नहीं और जैसे ही यह बोध होता है, वैसे ही सारी समस्याएँ छू-मन्तर हो जाती हैं।

अंधकार में चीजें दिखाई नहीं पड़तीं। प्रकाश में चीजों को पहचाना जा सकता है। फिर भय नहीं रह जाता। इस बात का बोध कि "यदि कोई समस्या है, तो वह सबसे बड़ी समस्या मैं स्वयं हूँ", एक ऐसा चमकता हुआ सूरज है, जिसके उदय होते ही समस्याओं की आँखों के आगे अंधेरा छा जाता है। अब वे कुछ नहीं कर सकतीं।

तो आइये, हम अपने इस बोध को जगाने की कोशिश करें। यह कोशिश सजगता से शुरू होनी चाहिए। यदि हम अपने जीवन की एक-एक समस्या का चरणबद्ध तरीके से विश्लेषण करते जाएँगे, तो इस तथ्य को जानने लगेंगे कि सचमुच "मैं ही समस्या हूँ।" अर्थात् कोई समस्या है ही नहीं।

जहाँ समस्याओं का अन्त हो जाता है, वहीं से आनन्द की शुरुआत हो जाती है।

◆◆◆

इन्दौर में जन्मे बदरुद्दीन काजी मुंबई में बस कंडक्टर थे। एक दिन बस में बैठे बलराज साहनी ने देखा कि किस तरह कंडक्टर यात्रियों का मनोरंजन कर रहा है। उन्होंने बदरुद्दीन से कहा कि वह कल गुरुदत्त से मिलें। गुरुदत्त को वे भा गए और उन्होंने उसे नाम दिया-जॉनी वाकर।

4 जीवन बना है सुखों से

दुःख में रहना हमारी नियति नहीं
बल्कि हमारी आदत हो गई है।

क्या जीवन सचमुच दुःखमय है? या कि क्या यह सचमुच दुःखमय हो सकता है? यह अपने-अपने नजरिए की बात है। यदि हम सभी अपने आज के जीवन के बिन्दु पर खड़े होकर अपने बीते हुए जीवन को याद करें और उसे दुःख-सुख की कसौटी पर कसें, तो पाएँगे कि जीवन में दुःख इतने नहीं मिले, जितने कि सुख मिले थे।

जीवन दुःखों से नहीं बना है, बल्कि सुखों से बना है। दुःख से जीवन की गुणवत्ता बदलती है। जीवन बनता तो सुखों से ही है। सुख का अर्थ ही है-सकारात्मकता। जो चीज हमें अच्छी लगे, जो चीज हमारे लिए लाभकारी है, यदि वह हो जाए, तो उसके होने से हमें सुख मिलता है और यदि न हो तो दुःख मिलता है। हमारा यह जो जीवन बना है, यह सकारात्मक घटनाओं के घटने से ही बना है न कि उनके घटित न होने से।

यह तो सीधी-सी वैज्ञानिक बात है कि जब कोई घटना घटेगी ही नहीं, तो फिर कोई भी परिणाम कैसे उत्पन्न होगा। किसी कार्य के होने के लिए कारण तो होना ही चाहिए और यदि हमारा जीवन है (जो कि एक कार्य है), तो निश्चित रूप से इस जीवन के होने का कोई न कोई कारण तो होगा ही और यदि जीवन का होना एक अच्छा कार्य, एक अच्छा परिणाम है, तो यह तभी संभव हुआ है, जब अच्छे कारण हुए हों, अच्छी घटनाएँ घटी हों। बुरी घटनाओं के अच्छे नतीजे निकल ही नहीं सकते। बरसात में

ही फसल होती है, बाढ़ में नहीं। बाढ़ में तो वह बह जाती है। यदि हमारा जीवन है, तो यह अपने आप में ही इस बात का प्रमाण है कि वर्षा हुई थी। यदि बाढ़ आई होती तो हम बह गए होते। वर्षा एक सकारात्मक घटना है, जो सुख पहुँचाती है। बाढ़ एक नकारात्मक घटना है, जो दुःख देती है। हम इसलिए हैं, क्योंकि बाढ़ नहीं आई। यदि आ जाती तो हम नहीं होते और जिनके जीवन में आई, वे आज नहीं हैं।

हमारे साथ होता यह है कि एक दुःख सौ सुखों पर भारी पड़ जाता है। फलस्वरूप सौ सुख एक दुःख के सामने निरस्त कर दिए जाते हैं अन्यथा ज्यादातर तो सुख ही सुख होता है। हम स्वयं सोचकर देखें कि क्या हमारे शरीर की इतनी अधिक क्षमता है कि वह लगातार दुःखों को झेल सके? ऐसा नहीं है। उसकी अपनी सीमा है। वह अधिक समय तक सुख में ही रहता है, ताकि दुःखों को झेलने की शक्ति अर्जित कर सके।

यदि हम अपने इस जीवन को संयोगों का संकलन मानें, तब भी हम पाते हैं कि हमारे जीवन में अधिकांशतः अच्छे ही संयोग हुए होंगे अन्यथा जीवन को नष्ट होने के लिए तो एक ही गलत संयोग पर्याप्त था। जीवन के साथ जुड़े संयोगों का यह सिलसिला तब से ही शुरू हो जाता है, जब से गर्भ ठहरता है। एक शुक्राणु का निषेचित होकर भ्रूण बन जाना ही अपने आपमें एक अद्‌भुत और विरल संयोग है। इसके बाद से जीवन के गढ़ने और बनने का जो अंतहीन सिलसिला शुरू होता है, उस सिलसिले का हर पल सुखद संयोगों से ही होकर गुजरता रहता है। भ्रूण नष्ट हो सकता है। प्रसव के समय मृत्यु हो सकती है। अबोध बच्चा बीमारी या दुर्घटना से मृत्यु को प्राप्त हो सकता है। इसके बाद भी नकारात्मक संयोगों का न जाने कितना बड़ा मेला है कि कोई भी एक छोटी-सी घटना हमारे इस जीवन को क्षण भर में नष्ट कर देने के लिए पर्याप्त होती है। इसके बावजूद अगर हम जीवित हैं और स्वस्थ हैं, तो यह इसलिए संभव हो सका है, क्योंकि हमारे साथ अभी भी बहुत बड़ा दुर्भाग्यजनक संयोग नहीं हुआ है।

हम यह क्यों भूल जाते हैं कि जीवन को बचाने के लिए हर क्षण

सकारात्मक संयोगों की जरूरत होती है और उसके नष्ट होने के लिए एक ही नकारात्मक संयोग पर्याप्त होता है। इसके बावजूद अगर हम हैं, तो साफ है कि यह सकारात्मक संयोगों के कारण ही संभव हुआ है। क्या इतने सकारात्मक संयोग हमारे सुख का कारण नहीं बन सकते? मुझे लगता है कि बन सकते हैं और बनना ही चाहिए।

लेकिन दुर्भाग्य है कि ऐसा होता नहीं है। काश कि यदि ऐसा हो पाता, तो आज हमारे सामने जीवन की तस्वीर ही कुछ और होती। सच तो यही है कि दुःख में रहना हमारी नियति नहीं बल्कि हमारी आदत हो गई है। यदि दुःख नहीं, तो हमें लगने लगता है कि हम भी नहीं हैं। अपनी चेतना के बहुत गहरे स्तर पर जाकर हम सभी दुःख के ही ग्राहक बन चुके हैं। यह यहाँ तक पहुँच चुका है कि यदि हमें गाहे-बगाहे सुख मिल भी जाये, जो मिलते ही रहते हैं, तो हमें उसे क्षण भर में ही दुःख में बदल देने में न तो तनिक भी संकोच होता है और न ही दुःख। तो अब इसका क्या किया जाये? कुछ नहीं, सिवाय इसके कि खुद को बदला जाये।

इस बदलाव में ही छिपा हुआ है आनंद का रहस्य।

◆◆◆

एक सेठजी ने अपने माली से कहा-"सुबह हो गई है, पौधों में पानी दे दो।" माली ने कहा-"मालिक बरसात हो रही है।" सेठजी ने कहा-"तो छाता लगाकर दे दो।" जब दृष्टिकोण में क्षमता नहीं होती, तो समस्या का सही आकलन नहीं होता। जब समस्या का सही आकलन ही नहीं होगा, तो फिर उसका समाधान कैसे हो सकता है।

5 जीवन है सुखमय

हमारे अपने अनुभव ही हमारे लिए अपने-अपने जीवन की परिभाषा बन जाते हैं।

जीवन अपरिभाषेय है। जितना जीवन है, लगभग उतनी ही हैं जीवन की परिभाषाएँ। जिसका जीवन जैसा है, उसने उसी के अनुसार अपने लिए जीवन की परिभाषा बना ली है। बरसात हो रही है। कुम्हार दु:खी है, जबकि किसान खुश है। जब हमारा सब कुछ सधता रहता है, हमारे लिए जीवन सुखमय हो जाता है। जैसे ही सधने में बाधा आई, वैसे ही जीवन दु:खद दिखाई पड़ने लगता है। ऐसी स्थिति में जीवन की भला एक परिभाषा कैसे दी जा सकती है।

महाकवि गेटे ने कहा है कि ''जीवन चाहे जैसा भी हो, वह सुखमय है।'' लेकिन गौतम बुद्ध कहते हैं कि जीवन दु:खपूर्ण है। यह दु:ख ही सत्य है। क्या सचमुच में ऐसा ही है ? बुद्ध तो राजकुमार थे। वैभव एवं विलास में पले थे। दु:ख तो उन्हें दूर से भी छूकर नहीं गुजरा था। तभी तो वे मरीज को देखकर पूछते हैं कि ''यह कौन है?'' तभी तो वे बूढ़े व्यक्ति को देखकर प्रश्न करते हैं कि ''यह क्या है?'' तभी तो वे मृत व्यक्ति को देखकर चौंक उठते हैं कि ''इसे क्या कहते हैं ?'' जीवन के ये सामान्य से प्रश्न वे कोई बाल्यावस्था में नहीं करते, बल्कि उम्र के 24 वसंत पार करने के बाद करते हैं। इससे यह तो अंदाजा लगाया ही जा सकता है कि जीवन की आम स्थितियों की जानकारियों का उनके पास कितना अधिक अभाव था। ऐसे में तो गौतम बुद्ध को भी गेटे की तरह ही परिभाषा गढ़नी चाहिए थी कि 'जीवन

चाहे जैसा भी हो, वह सुखमय है।' किन्तु ऐसा नहीं हुआ। हुआ इसके बिल्कुल उलट कि ''जीवन दुःखपूर्ण है।'' ऐसा क्यों?

भारतीय दर्शन में जीवन एवं जगत को माया तो कहा गया है, किन्तु दुःखपूर्ण नहीं। दुःख की बात पहली बार गौतम बुद्ध ने ही कही और इतनी अधिक तार्किकता एवं विस्तार के साथ कही कि लोगों को स्वीकार करना पड़ा कि ''सचमुच में दुःख का ही दूसरा नाम जीवन है।''

मुझे लगता है कि गौतम बुद्ध पर दुःख एक जबरदस्त प्रतिक्रिया के रूप में आया, क्रिया अथवा चिंतन के रूप में नहीं। कहाँ तो उनके महल में सौंदर्य का विशाल समुद्र था और कहाँ वे बाहर निकलकर देखते हैं- कुरूपता का जमघट-रोगी, वृद्ध और शव। यह एक भयानक कॉन्ट्रास्ट है- आकाश से टपककर धरती की बजाय पाताल में गड़ने की तरह। सौंदर्य के दृश्यों से तर-बतर आँखें भला कुरूपता के इस वीभत्स दृश्य को कैसे स्वीकार कर पातीं। कहीं ऐसा तो नहीं हुआ कि इस कॉन्ट्रास्ट की तीखी प्रतिक्रिया ने गौतम बुद्ध को जीवन के प्रति इतना झकझोर दिया कि उनके लिए संपूर्ण जीवन ही दुःखमय हो गया? अन्यथा तो उनके लिए जीवन अत्यंत सुखद था ही।

मैं यहाँ गौतम बुद्ध के सिद्धांत का विरोध नहीं कर रहा हूँ। इतनी कूबत मुझमें नहीं है। मैं तो यहाँ केवल एक यह पक्ष रख रहा हूँ कि जब भी हम जीवन के बारे में कुछ कहते हैं, हमारा वह कहना बहुत कुछ 'हमारे साथ होने' से जुड़ा रहता है। हमारे अपने अनुभव ही हमारे लिए अपने-अपने जीवन की परिभाषा बन जाते हैं। यह इतना अधिक विविधवर्णी है कि इसे किसी रंग से चिह्नित किया ही नहीं जा सकता। यहाँ तक कि एक ही व्यक्ति समय-समय पर इसकी परिभाषा को बदलता रहता है। जब वह खुश रहता है, तो जीवन सुखमय हो जाता है और थोड़ी देर बार ही दुःखी होने पर जीवन दुःखपूर्ण । यानी कि आकाश में उमड़ते-घुमड़ते कजरारे बादलों की तरह है जो पता नहीं, कब कहाँ चले जाएँ और क्या रूप ले लें।

यदि हम सचमुच जीवन को इन्हीं आवारा बादलों की तरह मान लें, अपरिभाषेय मान लें, तो शायद हम अपने जीवन के साथ अपेक्षाकृत अधिक

न्याय कर सकेंगे। यही स्वयं के प्रति सच्चा न्याय करना होगा।

जीवन वही है, वैसा है, जैसा हम उसे समझ लेते हैं, लेकिन यदि हम सबकी समझ की बात करें, तो मैं कहना चाहूँगा कि 'यह सुखमय है, यह आनंदपूर्ण है। 'यदि हमारे दर्शनशास्त्र में ईश्वर को सच्चिदानंद कहा गया है तो फिर जो खुद ही आनंदमय है, वह दुःख की रचना कैसे कर सकता है? जो जैसा होगा, वह वैसा ही तो रचेगा। दुनिया के जितने भी धर्म हैं, जितने भी पंथ और विचार हैं, उनमें से किसी ने भी ईश्वर को दुःखी चित्रित नहीं किया है।

तो इसके बावजूद यदि इस दुनिया में दुःख है और हम दुःखी हैं, तो वह उसके कारण नहीं, बल्कि खुद के कारण हैं। हम खुद को सुधार लें, हमारे दुःख सुधर जाएँगे। अन्यथा कोई उपाय दिखाई नहीं देता सुख का।

बस इतने से ही हमारे प्याले में आनन्द भर जाएगा।

♦♦♦

अब्राहम लिंकन शुरुआती दौर में स्वयं को काफी अलोकप्रिय समझा करते थे। 1837 में मैरी आवेन्स के सामने विवाह का प्रस्ताव रखते समय उन्होंने ये दुःखद शब्द भी जोड़ दिये-"मेरी सलाह है कि तुम मुझसे शादी न ही करो तो अच्छा होगा।" और जब मिस आवेन्स ने उसे ठुकरा दिया, तो लिंकन ने अपने एक मित्र को लिखा-"अब मैं इस नतीजे पर पहुँचा हूँ कि मैं कभी शादी करने के बारे में सोचूँगा तक नहीं और उसका कारण सिर्फ इतना-सा है कि मैं कभी किसी ऐसी महिला के साथ संतुष्ट नहीं रह सकूँगा, जो मुझसे शादी करने की मूर्खता करेगी।"

6 सुख से बड़ी है प्रसन्नता

जीवन की सहज अनुभूति के उछाह का ही एहसास है-प्रसन्नता।

हम सभी चूँकि प्रसन्न रहना चाहते हैं, इसीलिए लगातार प्रसन्न रहने की कोशिश करते हैं और मजेदार बात यह है कि जैसे-जैसे हमारी यह कोशिश बढ़ती जाती है, वैसे-वैसे प्रसन्नता गायब होती जाती है। हम सभी का अब तक का लगभग यही अनुभव रहा है। हम जितनी बड़ी प्रसन्नता चाहेंगे, उतने ही बड़े प्रयास करेंगे। जितने बड़े प्रयास होंगे, उतनी ही बड़ी चिन्ताएँ होंगी और स्वाभाविक है कि जहाँ चिन्ता आ जाएगी, प्रसन्नता वहाँ से गायब हो जाएगी। तो कुल मिलाकर होता यह है कि प्रसन्नता को पाने की प्रक्रिया में निरन्तर हम अप्रसन्नता को प्राप्त करते चले जाते हैं। क्या ऐसा नहीं है? ऐसा ही है। आइये, देखें कि ऐसा क्यों है?

ऐसा इसलिए है, क्योंकि हमने यह मान लिया है कि प्रसन्नता के लिए किसी कारण का होना जरूरी है। हमने प्रसन्नता के लिए किसी को आधार बना लिया है। यदि वह कारण होगा, यदि वे आधार होंगे, तो प्रसन्नता होगी। यदि वह कारण नहीं रहा, तो प्रसन्नता भी नहीं रहेगी। इसका मतलब है कि प्रसन्नता का होना या न होना किसी वस्तु के होने या न होने पर आ टिकता है। हम अपने प्रयासों के द्वारा किसी वस्तु को पाने की कोशिश में लगातार अपने पास की वस्तुओं को खोते चले जाते हैं।

क्या प्रसन्नता सचमुच में कोई ऐसी वस्तु है, जिसे किसी वस्तु के द्वारा पाया जा सकता है। वस्तुतः हम यह भूल जाते हैं कि सुख या प्रसन्नता

ऊपर से एक जैसे दिखाई देने के बावजूद एक जैसे हैं नहीं। सुख वस्तु से मिलता है, जबकि प्रसन्नता एक अनुभव है, एहसास है। सुख एक ऐसा ऊपरी अनुभव है, जो हमारे गहरे नहीं उतरता। यदि गहरे उतर भी जाता है, तो वह उस गहराई में बना नहीं रह सकता, क्योंकि उसकी प्रवृत्ति ही अस्थायित्व की, उथलेपन की है। कुछ समय के बाद वह सुख उबाऊ मालूम पड़ने लगता है। इसके बाद हम एक नये सुख की तलाश में निकल पड़ते हैं।

जबकि प्रसन्नता के साथ ऐसा नहीं है। यह एक ऐसा आंतरिक भाव है, जो यदि एक बार गहरे उतर गया, तो वह लम्बे समय तक उतरा ही रहता है और हो सकता है कि फिर वह उतरा ही रहे। बाहर निकले ही नहीं। निश्चित रूप से जो भाव इतना गहरा होगा, वह सूक्ष्म भी होगा। वह किसी भी बाहरी वस्तु का मोहताज नहीं हो सकता। उसके होने के लिए सिर्फ उसी का होना पर्याप्त होता है। यदि वह है, तो है और यदि नहीं है, तो नहीं है। इसलिए सभी कवियों ने अकारण प्रसन्नता को मस्ती का नाम दिया है। वे प्रसन्न हैं। इस प्रसन्नता का कोई कारण नहीं। बस यूँ ही प्रसन्न हैं और इतने प्रसन्न हो गए हैं कि मस्त दिखाई दे रहे हैं। दूसरों को लग रहा है कि वे मस्ती कर रहे हैं। इनसे पूछिये कि जनाब आप मस्त क्यों हैं, तो ये कुछ भी नहीं बता पाएँगे। उनके साथ तो बस हो रहा है और उसका होना ही उनके लिए पर्याप्त है। इन्होंने चाहा ही नहीं था कि ऐसा हो और इसलिए उन्होंने इसके लिए कोई कोशिश भी नहीं की थी। यह तो बस हो गया और मैं आपको सचमुच बताऊँ कि यदि होना हुआ, तो बस यह ऐसे ही हो जाता है। करना कुछ नहीं पड़ता। करने पर तो यह सुख में तब्दील हो जाता है, जिसका आगे चलकर दुःख में तब्दील हो जाना अनिवार्य है, क्योंकि कोई चीज हमें तभी सुख देती है, जब हमारा उससे मोह जुड़ जाए। मोह एक योजक तत्त्व है। यही हमें उस वस्तु से जोड़ता है। इस जुड़ाव का अनुभव ही थोड़ी देर के लिए सुख देता है, किन्तु याद रखिए कि यह प्रसन्नता नहीं है।

हम सुखी लोगों से तो बहुत मिलते रहते हैं, लेकिन प्रसन्न लोगों से हमारी मुलाकात बहुत कम होती है। सच तो यह है कि हम सब जिस तरीके के लोग हैं, उसमें प्रसन्नता जैसे भाव का होना एक प्रकार से चील के घोंसले

में माँस के टुकड़े के होने जैसा ही हो गया है। यदि प्रसन्नता देखनी ही है, तो मजदूरों के बीच जाकर देखिये। चिलचिलाती धूप के बाद सूरज ढलने को है। पसीने से लथपथ, धूल में सना हुआ दो साल का बच्चा गिट्टियों के ढेर के पास एक चिथड़े में लिपटा हुआ अपने हाथ-पाँव मार रहा है। नंगे बदन वाला एक पुरुष बड़े-बड़े पत्थरों पर हाथौड़े से चोट कर-करके उन्हें छोटा बना रहा है। पास की ही एक झोपड़ी में बैठी हुई साँवली-सी औरत टूटे हुए शीशे में निहार-निहारकर श्रृंगार कर रही है। क्या आपने कभी ऐसी किसी युवती को देखा है? और यदि कभी उसे जीवित रूप में नहीं देखा, तो क्या आपको कभी ऐसी कोई तस्वीर देखनी नसीब हुई है? यदि आपका उत्तर है-नहीं, तो निश्चित जानिये कि आपकी अभी तक प्रसन्नता से मुलाकात नहीं हुई है। उसे देखने के बाद ही सही मायने में यह जाना जा सकता है कि प्रसन्नता क्या होती है, प्रफुल्लता क्या होती है और हम जिसे प्रसन्नता समझ रहे हैं, वह सही मायने में है क्या?

जीवन की सहज अनुभूति के उछाह का ही एहसास है-प्रसन्नता। यह एक ऐसा रंग है, जहाँ न हल्दी लगती है, न फिटकरी, लेकिन जिसका रंग चोखा होता है।

और यही प्रसन्नता है आनन्द।

♦♦♦

सन् 1936 में जब अल्बर्ट आइंस्टाइन की पत्नी की मृत्यु हुई, तो उनकी बहन माजा घरेलू कामकाज संभालने के लिए इस महान व्यक्ति के साथ रहने लगीं। सन् 1950 में इस बहन को दौरा पड़ा और वे कोमा में चली गईं। इसके बाद आइंस्टाइन हर दोपहर दो घंटे उनके साथ गुजारते थे और उसे प्लेटो की किताब जोर से पढ़कर सुनाते थे। हालाँकि उनकी तरफ से कोई संकेत नहीं मिल रहे थे कि वह समझ रही हैं या नहीं, फिर भी आइंस्टाइन को लगता था कि उसके मस्तिष्क का एक हिस्सा जीवित है और आइंस्टाइन जानते थे कि किसी का ध्यान रखने वाला काम करने से प्रेम अभिव्यक्त होता है।

7 सरल होता है सुख को पाना

हममें से अधिकांश लोग बिना कारण के ही दुःखी हैं। यदि कोई कारण है भी, तो वह कारण हम खुद हैं।

सुखी से सुखी आदमी भी यह नहीं कह सकता कि वह दुःखी नहीं है। गौतम बुद्ध ने कहा था कि जीवन दुःखमय है और दुःख का कोई-न-कोई कारण होता है, जिसका निवारण किया जा सकता है। यह ढाई हजार साल पहले कही गई बात है। उस समय ऐसा होता होगा, लेकिन आज ऐसा लगता है कि दुःख तो है, लेकिन शायद उसका कारण नहीं है। हममें से अधिकांश लोग बिना कारण के ही दुःखी हैं। यदि कोई कारण है भी, तो वह कारण हम खुद हैं और मजेदार बात यह है कि इस कारण को हम हमेशा बाहर ढूँढ़ते रहते हैं।

हमारे दुःख का कारण यह नहीं है कि "हम ऐसे क्यों नहीं हैं" बल्कि यह है कि "वह ऐसा क्यों है?" यदि हमारा मस्तिष्क सोचना छोड़ दे, तो आधे से अधिक दुःख तो हमेशा-हमेशा के लिए विदा हो जाएँगे। खासकर ऐसे वर्ग से तो विदा हो ही जाएँगे, जिनका पेट भरा हुआ है और जिनके सिर पर अपनी छत है। आइंस्टाइन के सापेक्षवाद को जबसे हमने दैनिक जीवन में लागू किया है, तबसे दैनिक जीवन की यात्रा नर्क की ओर होनी शुरू हो गई है।

क्या जीवन को सुख और शांतिपूर्ण तरीके से जीने के लिए इतना ही पर्याप्त नहीं है कि 'मैं हूँ।' जीवन प्रकृति और ईश्वर का दिया हुआ एक वरदान है और उसके द्वारा रची गई एक रचना है। "वह है", यह भी ठीक

उसी तरह प्रकृति और ईश्वर का वरदान और रचना है, जैसा कि "मैं हूँ" और विडम्बनापूर्ण बात यह है कि "मैं हूँ" तथा "वह है" दोनों ही एक-दूसरे को देखकर यह सोच रहे हैं कि "वह क्यों है?"

विवेक के होने के बावजूद हम इस छोटी-सी प्राथमिक बात तक को नहीं समझ पा रहे हैं कि मैं इसलिए हूँ, क्योंकि वह है। जिस दिन वह नहीं होगा, उस दिन मैं भी नहीं रहूँगा। इसे सरल भाषा में इस प्रकार कहा जा सकता है कि मैं जो कुछ भी करता हूँ, केवल अपने लिए नहीं करता। यदि मेरे किए हुए को कोई देखने वाला न हो, कोई जानने वाला न हो, कोई सराहने वाला न हो, तो मेरा करना बंद हो जाएगा। तो फिर मैं करूँगा किसके लिए? हम अपने लिए तो केवल इतना ही करते हैं कि पेट भर जाए, भरता जाये। बस। बाकी हम जो कुछ भी करते हैं, वह दूसरों के देखने के लिए ही करते हैं। सोचकर देखिए कि जब देखने वाला ही नहीं रहेगा, तो फिर करने वाला करे भी तो करके क्या करेगा और जब हमारे सामने यह देखने वाला मौजूद रहता है, तब हम यह सोचते हैं कि "वह क्यों है?" हम यह सोचते हैं कि "अच्छा होता कि यहाँ हम ही हम होते।"

मजेदार बात यह है कि जब ऐसी स्थिति आती है कि केवल हम ही हम रहते हैं, तब उस एकान्त से, उस अकेलेपन से इतना अधिक घबड़ाने लगते हैं कि अपने पाँव सिर पर रखकर भागने का मन करता है। आखिर महाभारत का युद्ध जीतने के बाद विजेता पाण्डवों को क्या मिला? अंततः वे सभी सब कुछ छोड़-छाड़कर चले गए थे हिमालय पर कि नहीं।

अब क्या इसका भी कोई इलाज आप बता सकते हैं कि दुकेला रहना बर्दाश्त नहीं है और अकेले हम रह नहीं सकते, क्योंकि भय लगता है। क्या यह दुविधापूर्ण स्थिति हमारे दुःख का एक बहुत बड़ा कारण नहीं है? आप फैसला कर लीजिए कि आप अकेले रहना चाहते हैं, या किसी के साथ। फैसला करने के बाद उस पर अमल कीजिए। बात खत्म हो जाएगी। आपके दुःख भी खत्म हो जाएँगे, लेकिन हम मुँह भी फुलाना चाहते हैं और उस मुँह से फूँक भी मारना चाहते हैं। प्रकृति के पास ऐसी कोई व्यवस्था नहीं है। तो ऐसे में यदि हम दुःखी रहने के लिए अभिशप्त हैं, तो इसमें गलत कहाँ है?

मूलतः आदमी विचित्र किस्म के द्वन्द्वों एवं विरोधाभासों की एक जटिल पोटली है। बहुत-सी बातें तो उसकी समझ में ही नहीं आतीं कि वह ऐसा करता क्यों है और यदि कुछ बातें समझ में आ भी जाती हैं, तो भी वह करने से बाज नहीं आता। इसी के कारण उसके अन्दर एक प्रकार की खींचतान और ऊहापोह मची रहती है। वह अन्दर से क्षण भर को भी स्थिर नहीं है। फलस्वरूप जिस बात का वह सिद्धान्त के तौर पर विरोध करता है, उसी बात पर व्यवहार के तौर पर अमल करने लगता है। क्या आपको सुख और दुःख के मामले में ऐसा ही नहीं लगता?

आपकी अपनी राय चाहे जिस ओर भी हो, लेकिन सच्चाई तो यही है कि बिना सामूहिकता की स्थिति के आप सुख की और आनन्द की अनुभूति कर ही नहीं सकते। सामूहिकता की आदर्श स्थिति तभी आ सकती है, जब आप अपने दायरे से निकलकर दूसरों के बारे में सोचेंगे, दूसरों के हितों के बारे में सोचेंगे। हम कितने भी दुःखी क्यों न हों, दूसरों का साथ भले ही इन दुःखों का अन्त न कर पाये, लेकिन उसे कम तो कर ही देता है और कुछ समय के लिए तो भुला भी देता है। इसके बावजूद हम हैं कि इसकी अहमियत को समझ ही नहीं पाते हैं। जहाँ के लोग और जो लोग इस तरह का एकाकी जीवन जी रहे हैं, उनसे उनके जीवन के आनन्द के बारे में पूछताछ करके इसके बारे में बने भ्रमजालों से छुटकारा पाया जा सकता है।

समूह का घेरा ही है-आनन्द की प्याली की गोलाई।

◆◆◆

तोहफे देना जानवरों में भी महत्त्वपूर्ण समझा जाता है। इम्पिडे यानी छोटी मक्खी के प्रणय रिचुयल में नर जब प्रणय निवेदन करता है, तब वह अच्छी सी खाने की चीज़ चुनता है, उसे सिल्क के बबल में लपेटता है और अपने पार्टनर के सामने पेश कर देता है। अंटार्कटिका के एडेली पेंग्विनों के पास तोहफे देने के लिए ज्यादा चीज़ें नहीं होतीं, परन्तु नर पेंग्विन चिकना पत्थर खोजकर उसे अपनी प्रियतमा के कदमों में डाल देता है।

8 सुख एक अनुभूति है

यदि हम सुख को एक अनुभूति मान लें, तो उसके साथ एक लम्बी और अन्तहीन यात्रा की जा सकती है।

हम खाते-पीते हैं, जागते-सोते हैं और साँस लेते हैं। हमारी पाँचों कर्मेन्द्रियाँ अपने-अपने ढंग से अपना काम करती रहती हैं। जब तक इन सभी में एक तालमेल बना रहता है, तब तक हमें सुख की अनुभूति होती रहती है। हमें लगता है कि सब कुछ ठीक-ठाक चल रहा है। जैसे ही इनमें कोई बाधा आई, वैसे ही हम दुःख का अनुभव करने लगते हैं। आँखें चली गईं तो पूरी दुनिया में हमारे लिए अंधेरा छा गया। बहरे होते ही हम दुनिया से कट जाते हैं और यदि स्पर्श की संवेदना ही गायब हो जाए, तो फिर जीना कोई जीना नहीं रह जाता। जब तक ये कर्मेन्द्रियाँ ठीक ढंग से काम करती रहती हैं, तब तक तो हमें इनकी कीमत पता नहीं चलती, लेकिन जैसे ही इनमें से कोई अशक्त होती है, हमें इसकी कीमत का ज्ञान हो जाता है।

तो क्या इसके आधार पर हम यह मानकर कोई गलती नहीं करेंगे कि हमारे सुख का आधार मुख्यतः हमारी कर्मेन्द्रियाँ ही हैं? यदि हमें भौतिक जगत का ज्ञान इन्हीं के जरिए हो रहा है, तो स्वाभाविक है कि ये ही हमारे सुख का आधार हैं, लेकिन यहाँ गौर करने की बात यह है कि ये केवल भौतिक सुख के आधार हैं, लेकिन क्या भौतिक सुख ही सबसे बड़ा सुख है या एकमात्र सुख है?

ज्यादातर मामलों में तो ऐसा ही है, लेकिन मैंने पाया है कि दूसरों को ऐसा लगता है, स्वयं को नहीं और हम स्वयं भी दूसरों के बारे में ठीक वैसा

ही सोचते हैं, जैसा कि दूसरे हमारे बारे में सोचते हैं। भौतिक सुविधाओं से सम्पन्न व्यक्ति हमें हमेशा सुखी दिखाई देता है। सच्चाई का पता तो उस समय चलता है, जब हम स्वयं को भौतिक रूप से सम्पन्न बना लेते हैं, लेकिन जब तक पता चलता है, तब तक काफी देर हो चुकी होती है। वापस लौटने का न तो समय रह जाता है और न ही रास्ता।

सब कुछ छोड़-छाड़कर कमण्डल लेकर हरिद्वार-ऋषिकेश चले जाना इसका हल नहीं है। यह तो एक प्रकार से किसी चरम क्रिया की चरम प्रतिक्रिया ही हुई। कहाँ तो इतना कुछ और कहाँ कुछ भी नहीं। हरिद्वार-ऋषिकेश भी उन्हें सुख-शान्ति नहीं दे सकता, क्योंकि जो दे सकता था, उसे तो वे छोड़ आये हैं और जब वे उसके साथ थे, तो वे ही चीजें उसे यह सब नहीं दे रही थीं।

बात बहुत साफ है कि सुख की खोज एक प्रकार से उत्तेजना की ही खोज है। सुख अपने-आपमें एक उत्तेजना है। कोई यह उत्तेजना शराब के प्याले में पाता है, तो कोई पूरी तरह से अपने-आपको काम में डुबा देने से। कोई यह उत्तेजना लूटने में पाता है, तो कोई यह उत्तेजना अपने-आपको लुटा देने में। चूँकि उत्तेजना हमारे शरीर और मस्तिष्क की एक अस्वाभाविक स्थिति है, इसलिए वह लम्बे समय तक नहीं रह पाती। समुद्र में रोज ज्वार-भाटे नहीं आते। कभी-कभी आते हैं। यह समुद्र की उत्तेजना है। दूध हमेशा उफनता नहीं रहता। ऊपर की पपड़ी फटी नहीं कि उफनना बन्द हो जाता है। हाँ, उबलता जरूर रहता है और तब तक उबलता रहता है, जब तक कि तरल पदार्थ ठोस पदार्थ में परिवर्तित न हो जाए। सोडे की बोतल को खोलते ही तेजी से झाग तो निकलता है, लेकिन निकलता ही नहीं रहता। सुख भी ठीक इसी तरह हमेशा मौजूद नहीं रह सकता।

तो फिर क्या स्थायी सुख जैसी कोई बात नहीं है? तो क्या आदमी लम्बे समय तक सुख के साथ अपना रिश्ता नहीं निभा सकता? निभा सकता है, लेकिन भौतिकता के साथ नहीं। निभा सकता है, लेकिन उत्तेजना के साथ नहीं।

यह बताना कोई नई बात बताना नहीं है कि सुख मूलतः एक

आन्तरिक भाव है, जिसे हम मोटे तौर पर 'स्मृति' कह सकते हैं। यह प्रकृति के द्वारा हम सबको दिया गया एक अद्‌भुत वरदान है कि हमारी स्मृति के खजाने में दुःख की उतनी कड़वी स्मृतियाँ मौजूद नहीं रहतीं, जितनी कि सुख की। इसलिए मेरा तो यही मानना है कि हमारे जीवन में सुख के पल दुःख की तुलना में काफी लम्बे होते हैं।

यदि हम सुख को एक अनुभूति मान लें, तो मुझे लगता है कि उसके साथ एक लम्बी और अन्तहीन यात्रा की जा सकती है और सच तो यही है कि सुख मूलतः अनुभूति ही है। हम बाहरी चीजों को देखते हैं। उनका उपभोग करते हैं। उस समय हमें जो सुख मिलता है, वह एक प्रकार की उत्तेजना ही होती है। बाद में हम दूसरी चीजों के उपभोग में लग जाते हैं। ये चीजें फिर से उत्तेजना पैदा करती हैं। लम्बे समय तक यही क्रम चलता रहता है, लेकिन एक समय ऐसा आता है, जब नई चीजों के लिए गुंजाइश ही नहीं रह जाती। तो अब क्या करें?

अब कुछ करने की ज़रूरत नहीं है। अब वह समय आ गया है, जब हमें अनुभूति का आनन्द लेना है। हमने अब तक जो कुछ भी किया है, उनके छोटे-छोटे टुकड़ों को अपनी याददाश्त के खजाने से निकालने लगिए। याद कीजिए। कल्पना कीजिए उन सुखों की और मानसिक स्तर पर जीना शुरू कर दीजिए उन पलों को। आप देखेंगे कि किस प्रकार ये अनुभूतियाँ आपके सफर में आपकी साथी होंगी। यही तो वह कारण है कि बूढ़े व्यक्ति अपनी बीती हुई बातें दूसरों को बताने के लिए लालायित होते रहते हैं। उन्हें ऐसा करना अच्छा लगता है। बताने के दौरान वे उसका अनुभव करते हैं और यही अनुभव उन्हें सुख देता है।

स्मृतियों की यही पुनर्स्मृति आनन्द है।

◆◆◆

दिलचस्प बात है कि न्यूटन जैसे वैज्ञानिक स्वयं विज्ञान की मुख्य धारा से हटकर लुके-छिपे आध्यात्मिक दार्शनिकों और एल्केमिस्टों की पुस्तकों को पढ़ा करते थे।

9 ऐसे पाएँ आनन्द को

आनन्द का अपना मार्ग है ही नहीं। सच तो यह है कि आनन्द अपने आप में ही एक मार्ग है, एक राह है।

लोग अक्सर यह पूछते हुए देखे गए हैं कि आनन्द की राह क्या है? हम ऐसा क्या करें कि आनन्द तक पहुँच जाएँ। आखिर हर व्यक्ति जो कुछ भी कर रहा है, वह इसी के लिए तो कर रहा है कि वह किसी प्रकार आनन्द को प्राप्त कर ले। लोग इसी के लिए लगे हुए हैं, इसी के लिए चल रहे हैं और आनन्द तक पहुँचना चाह रहे हैं, लेकिन क्या ऐसे लोग आनन्द तक पहुँच पाएँगे? क्या इनकी कभी आनंद से मुलाकात हो पाएगी? ऐसा हो पाएगा, मुझे सन्देह है। बल्कि सच पूछिए तो मुझे सन्देह भी नहीं है। मैं तो निश्चित हूँ कि ऐसा हो ही नहीं पाएगा।

ऐसा इसलिए नहीं हो सकता, क्योंकि आनन्द का अपना मार्ग है ही नहीं। सच तो यह है कि आनन्द अपने आप में ही एक मार्ग है, एक राह है। वह कोई ऐसी वस्तु या कोई ऐसा भाव नहीं है, जो अलग से कहीं विराजमान हो और उस तक पहुँचा जा सके या कि उसे पाया जा सके। वह यदि है, तो यहीं है। अब ही है और यदि नहीं है, तो कहीं नहीं है और कभी नहीं है। जब तक हम आनन्द से जुड़ी इस कड़वी किन्तु गहरी सच्चाई को समझ नहीं जाते, तब तक हमें आनन्द की प्राप्ति की आशा कभी नहीं करनी चाहिए।

जैन गुरुओं का एक बहुत प्रसिद्ध कथन है कि "मैं ब्रह्मानंद की प्राप्ति से पहले भी झाड़ू लगा रहा था और अब, जब मुझे परमानन्द की प्राप्ति हो गई है, तब भी मैं झाड़ू ही लगा रहा हूँ।" ऊपर से सामान्य-सा दिखने

वाला यह कथन बहुत गहरा अर्थ लिए हुए है। गहरा अर्थ यह है कि आनन्द का किसी तरह का कोई नाता हमारे कार्य-व्यापारों से नहीं है। न ही अन्य किसी भौतिक वस्तु से है। यह तो कोई एक अलग ही बात है। यह तो एक भाव है, जो किसी से भी आ सकता है, कहीं से भी आ सकता है। यह एक ऐसी उमंग है, जो यदि घटे तो बिना कारणों के घट जाए और यदि न घटे, तो लाखों कारणों के बावजूद न घटे।

सचमुच में जापान के जेन गुरु और हमारे यहाँ के भक्तिकालीन भक्त आनन्द को अपने आचरण के द्वारा जितनी अच्छी तरह परिभाषित कर पाये हैं, उतना अन्य कोई भी नहीं। रैदास चर्मकार थे, जूते बनाते थे, लेकिन आनन्द से लबालब रहते थे। कबीर जुलाहे थे, कपड़ा बुनते थे, लेकिन उनके जीवन का एक पल भी आनन्द से रीता नहीं था। जापान में तो एक ऐसे जेन गुरु हुए हैं, जिन्होंने इस मत की ही प्रतिष्ठा कर दी कि चाय की प्याली पीना ही आनन्द है।

यहाँ सवाल न तो पी जाने वाली चाय का है और न ही उस प्याली का है, जिसमें चाय पी जाती है और न ही उस स्थान का है, जहाँ बैठकर चाय पी जाती है। इससे उस समय का भी कोई संबंध नहीं है कि वह चाय किस समय पी जा रही है। यहाँ तो बात बस इतनी ही है कि चाय किस तरह पी जा रही है। यदि पूरे भावनात्मक आवेग के साथ पी जा रही है, तो यही सच्चा आनन्द है अन्यथा चाय बागान का मालिक भी दुःखी है। जूते बना-बनाकर बेचने वाले रैदास आनन्दित हैं, लेकिन जूते खरीदकर पहनने वाले सेठजी दुःखी हैं।

तो आप खुद सोचिये कि फिर यह आनन्द है क्या? यह प्रसन्नता है क्या? जब तक हम इसे इस रूप में देखेंगे नहीं, समझेंगे नहीं, तब तक यह भाव हमारे पास तक नहीं फटकेगा। उसे हमसे कुछ लेना-देना नहीं है। बल्कि हमें ही उससे लेना-देना है और यदि हमें लेना-देना है, तो हमें उसके पास जाना होगा। वह हमारे पास नहीं आयेगा। सच तो यह है कि वह हमेशा हमारे पास ही है। हम ही उसे नहीं पहचान पा रहे हैं और इसलिए अपने गले नहीं लगा पा रहे हैं। तो आइये, उसे पहचानें। उसे एक बार गले से लगाएँ,

ताकि वह हमेशा-हमेशा के लिए हमें अपने गले लगा ले।

मुझे सच्चा आनन्द इस बात में निहित मालूम पड़ता है कि किसी आदमी को वह काम करने को मिल जाये, जो वह करना चाहता है, लेकिन क्या हम खुद अपने पसन्द का काम करना चाहते हैं? आमतौर पर तो यदि किसी से भी पूछा जाये कि "क्या तुम अपनी पसन्द का काम करना चाहोगे", तो वह आपको यूँ देखेगा कि 'क्या यह भी कोई पूछने की बात है?" जी हाँ, यह पूछने की बात है। इसलिए पूछने की बात है, क्योंकि हर आदमी वह काम करना चाहता है, जिसमें उसको अधिक-से-अधिक धन मिले, अधिक-से-अधिक अधिकार मिलें और अधिक-से-अधिक मान-सम्मान मिले। सारी दौड़ इसके लिए ही लगी हुई है। ऐसे में ज्यादातर स्थिति यही है कि भैंस के थनों के नीचे गाय का बछड़ा खड़ा है, तो गाय के थनों के नीचे भैंस का। यानी कि सब कुछ उलटा-पुलटा। क्या ऐसा नहीं है?

ऐसा ही है। हम सब सोचते ही रह जाते हैं कि "यह हो जाये, तो आनंद मिल जाएगा।" जब वह हो जाता है, तो फिर हम यह सोचते हैं कि "अब यह हो जाये, तब मिल जाएगा।" यह भी हो जाता है। ऐसे न जाने कितना कुछ होता चला जाता है, लेकिन वह कभी नहीं होता, जो वास्तव में होना चाहिए।

अब भला ऐसा हो कैसे सकता है कि दूसरे की जीभ के स्वाद का अनुभव आप करें। कोई भी नहीं कर सकता। इसके लिए आपको बर्फी का टुकड़ा अपनी ही जीभ पर रखना होगा। सच यही है कि अपने स्वाद को पाना ही आनन्द को पाना है और यह अपना स्वाद अपने कर्म का स्वाद ही है। इसे पा लीजिये, आप आनन्द को पा जाएँगे।

◆◆◆

जब फ्रायड बूढ़े हो गए थे, तब किसी पत्रकार ने उनसे पूछा था कि "नौजवानों को अपने मानसिक स्वास्थ्य के लिए क्या करना चाहिए।" पत्रकार को लम्बे उत्तर की अपेक्षा थी, लेकिन बदले में उसे मिले केवल दो शब्द Lieben und Arbeiten अर्थात् प्रेम एवं कार्य।

10 कैसे रहें प्रसन्न हम

प्रसन्नता यदि एक भाव है, तो पदार्थ उसका आधार नहीं हो सकता।

जब हमारा मन सही होता है, तो सारी दुनिया सही मालूम पड़ती है। ठीक इसके विपरीत मन के गलत होते ही सारी दुनिया गलत जान पड़ने लगती है। इसका मतलब यह है कि सही और गलत का होना बहुत कुछ हमारे मन के सही और गलत होने पर निर्भर करता है । यह कोई सिद्धान्त की बात नहीं है, बल्कि हम सब लगभग रोज ही बल्कि एक ही दिन में न जाने कितनी बार इस बात का अनुभव करते हैं कि जब हमारा मन प्रसन्न होता है, तो वह अधिक गतिशील हो जाता है। चूँकि प्रसन्न मन ऊर्जा से भरा हुआ मन होता है, इसलिए वह निरन्तर सक्रिय रहता है। उसमें जबर्दस्त उत्साह होता है। इसीलिए इसमें तनिक भी गलत नहीं है कि हममें से हर कोई प्रसन्न होना चाहता है, थोड़े से अपवाद स्वरूप उन गिने-चुने लोगों को छोड़कर, जिन्होंने दुःखी होने को ही प्रसन्न होना समझ लिया है। अन्यथा तो हर कोई प्रसन्न ही होना चाहता है, ताकि उसका मन निरन्तर गतिमान रहे और वह एक ऐसी ऊर्जा से युक्त रहे, जिसे कर्म में परिवर्तित करके जीवन में उपलब्धियाँ हासिल कर सके।

यहाँ इस बात की सफाई इसलिए दी जा रही है, क्योंकि कुछ गलत समझ के कारण हम लोगों ने दुःखी रहने को ही एक प्रकार से मोक्ष प्राप्ति का आधार समझ लिया है। त्याग करना हमारा सबसे बड़ा जीवन-मूल्य रहा है। चूँकि त्याग के बाद कष्ट होता है, इसलिए कष्ट झेलने को ही मुक्ति का मार्ग समझ लिया गया है। ठीक इसी के समानान्तर भोग को आत्मा के रोग का

कारण माना जाता है और प्रसन्नता तभी मिलती है, जब त्याग किया जाए। भोग से मिलने वाली प्रसन्नता को नर्क का कारण समझा गया, जो पूरी तरह सही मालूम नहीं पड़ता।

वस्तुतः हमें यहाँ प्रसन्नता को थोड़े गहरे संदर्भ में समझना होगा। जब हम प्रसन्नता के लिए किसी बाहरी वस्तु पर निर्भर करने लगते हैं, तो निश्चित रूप से उस प्रसन्नता का आधार कोई-न-कोई भोग ही बन जाता है। जब वस्तु मिलेगी, तब हम खुश होंगे। खिलौना मिलने पर बच्चा खुश हो जाएगा और धन मिलने पर एक लोभी खुश हो जाएगा। जब प्रसन्नता किसी बाहरी वस्तु पर निर्भर करने लगती है, तो वह स्थायी नहीं रह पाती, क्योंकि जैसे ही वह वस्तु थोड़ी पुरानी पड़ती है, वैसे ही उस वस्तु में निहित सारा रोमांस और रोमांच गायब हो जाता है। जैसे ही यह गायब हो जाता है, वैसे ही प्रसन्नता भी गायब हो जाती है।

लेकिन प्रसन्नता इस तरह गायब होने वाला भाव नहीं है। अपने गुण-धर्म में यह एक स्थायी भाव है, समुद्र की तरह, जो न तो सूखता है और न ही नदियों की तरह उफनता है। यह हमारे मन में गहरे बैठा हुआ एक ऐसा अभिन्न और अन्तरंग भाव है कि एक बार बैठ गया सो बैठ गया। फिर बाहर से उसका कतई कोई नाता नहीं रह जाता, बिल्कुल भी नहीं। वह तो एक प्रकार से गीत गाने वाली चिड़िया की तरह है, जिसे केवल गाना ही आता है और जो लगातार गाती ही रहती है, बिना इस बात की परवाह किए कि अभी उसे गाना चाहिए या नहीं।

प्रसन्नता यदि एक भाव है, तो पदार्थ उसका आधार नहीं हो सकता। इसलिए मुझे लगता है कि ऐसे बहुत से लोग हैं, जो बिना कारण ही प्रसन्न हैं। ऐसे लोगों की प्रसन्नता को देखकर दूसरे लोग उनके बारे में सोच-सोचकर दुःखी हैं कि आखिर वे प्रसन्न कैसे हैं। जबकि ऐसे लोग भी हैं, जिनके पास प्रसन्न होने के सैकड़ों कारण दिखाई देते हैं, लेकिन वे प्रसन्न नहीं हैं। क्या इससे यह सिद्ध नहीं होता कि यदि सचमुच में प्रसन्नता के लिए किसी कारण का होना आवश्यक है, तो फिर उन लोगों को सबसे ज्यादा प्रसन्न होना चाहिए, जिनके पास प्रसन्न होने के कारण ही कारण हैं। कम-से-कम अप्रसन्न होने का तो एक भी कारण उनके पास दिखाई नहीं

देता और यदि बहुत सोचने-विचारने के बाद कोई कारण समझ में आता भी है, तो वह यही कि इनके पास प्रसन्न होने के इतने सारे कारण इकट्ठे हो गए हैं कि ये अप्रसन्न रहने लगे हैं। यह ठीक वैसा ही है जैसे कि बहुत अधिक खा लेने के बाद पेट इतना भारी हो जाए कि वह खाना ही शरीर के लिए बोझ बन गया हो।

मैं जानता हूँ कि आज के समय में 'श्रद्धा' और 'आस्था' जैसे शब्दों का इस्तेमाल करना एक प्रकार की पोंगापंथी ही मानी जाएगी। आज युग तर्क और यथार्थ का है। इसी कारण प्रसन्नता की आधारभूत इकाइयाँ भी बदल गईं हैं, लेकिन हम यह क्यों भूल जाते हैं कि रहस्य का भी तो अपना एक अलग विज्ञान होता है। क्वांटम फिजिक्स जिस तरह आगे बढ़ रहा है, उससे लगता है कि वह दिन दूर नहीं, जब अयथार्थ को ही सबसे बड़ा यथार्थ माना जाने लगेगा। यह कपोल कल्पना नहीं, बल्कि बहुत जल्दी सामने आने वाली एक हकीकत है।

मानव की हकीकत पदार्थ की हकीकत से अलग है। चेतना ने मनुष्य को उतने ही रूपों में प्रस्तुत कर दिया है, जितनी उसकी संख्या है। इसलिए उसको महज एक भौतिक इकाई के रूप में स्वीकार नहीं किया जाना चाहिए। इससे कहीं अधिक वह एक भावनात्मक इकाई है। एक चेतनागत अस्तित्व है उसका।

इसलिए मुझे लगता है कि हमारे पास इस बात को अस्वीकार करने का कोई ठोस कारण नहीं है कि प्रसन्नता मूलतः मन का एक भाव है। यदि यह है तो है और यदि नहीं है तो नहीं है। इसे लाने के लिए कारणों की तलाश मत कीजिए । हमसे अक्सर गलती यही होती है कि हम पहले अपनी प्रसन्नता को किसी कारण से जोड़ते हैं और फिर उस कारण को पाने की प्रक्रिया में लगातार अप्रसन्न होते चले जाते हैं। यह भौतिकता की माँग करता ही नहीं। इसे तो श्रद्धा और आस्था जैसे अन्तरंग भाव चाहिए। ये इसे जितना अधिक मिलेंगे, इसका उतना ही अधिक पोषण होगा।

और जितना अधिक होगा इसका पोषण, उतना ही अधिक आपको आएगा आनन्द।

◆◆◆

11 आनन्द है अजनबी बने रहने में

रहस्य के आवरण में लिपटी हुई चीज़ों का सौन्दर्य कई गुना बढ़ जाता है।

चूँकि फिल्मों को हम सब बहुत ही सतही तौर पर लेते हैं, इसलिए इस बात पर सहजता के साथ यकीन नहीं कर पाते कि उनके गीतों में जीवन का कोई गहनतम् पक्ष भी प्रतिध्वनित होता होगा, लेकिन जब मैंने फिल्मी गीत की यह पंक्ति सुनी तो मैं अन्दर से पूरी तरह भर गया। मन एक अजीब तरह की बेचैनी से छटपटाने लगा और उसी बेचैनी से मुक्ति पाने की कोशिश के रूप में मैं अपनी यह बात आपके सामने रख रहा हूँ।

स्वाभाविक है कि इससे पहले कि आप और कुछ जानना चाहें, सबसे पहले यह जानना चाहेंगे कि आखिर चालू किस्म की समझी जाने वाली फिल्मों में, हल्के-फुल्के नाच से भरे हुए ढेर सारे गानों में वह एक गाना कौन-सा है, जो किसी को जीवन के बारे में सोचने के लिए बाध्य कर दे। जी हाँ, ऐसा है और यदि ऐसा नहीं होता तो भला मैं उसकी चर्चा करने की हिम्मत कैसे कर सकता था। तो लीजिए, अब मैं आपके सामने गीत का वह पहला मुखड़ा रख देता हूँ। यह पंक्ति है "चलो एक बार फिर से अजनबी बन जाएँ हम दोनों"। तो आइये, जानें कि आखिर हमसे क्या कहना चाहती है गीत की यह पंक्ति ?

दोनों एक-दूसरे को बहुत अच्छी तरह जान रहे हैं। सामान्यतया जीवन में हम सब जानना ही चाहते हैं। ज्यादा से ज्यादा जानना चाहते हैं और यहाँ

तक कि सब कुछ जानना चाहते हैं। ज्ञान का विकास और विज्ञान की खोज इसी जानने की प्रवृत्ति से ही संभव हो सकी है।

हम लोगों के बारे में ज्यादा से ज्यादा जानना चाहते हैं और कम-से-कम उन लोगों के बारे तो सब कुछ ही जान लेना चाहते हैं, जो हमारे बहुत घनिष्ठ हैं, निकटतम् हैं। जब तक जानने का प्रयास जारी रहता है, शायद तब तक जीवन में संकट की शुरुआत नहीं होती। 'जानने का प्रयास' का अर्थ ही यह है कि अभी जानना कुछ शेष है और यदि शेष है, तो कुछ संभावना भी बची हुई है। जैसे ही इस बात का आभास मिलता है कि सब कुछ जान लिया गया है, वैसे ही संभावना नि:शेष हो जाती है और यहीं से शुरू हो जाता है हमारे अपने जीवन का भीषण यथार्थ से टकराव और जीवन में द्वंद्व का सिलसिला।

मेरी इस बात को शायद वे ज्यादा अच्छी तरह से महसूस करेंगे, जो पति-पत्नी बनने से पहले प्रेमी-प्रेमिका रह चुके हैं। प्रेमी-प्रेमिका के रोमांस का दौर एक प्रकार से दो अजनबियों द्वारा एक-दूसरे को जानने का दौर रहता है और इस दौर में ये दोनों एक-दूसरे को उतना ही जान पाते हैं, जितने के बारे में ये दोनों एक-दूसरे को जानने की इज़ाजत देते हैं। स्वाभाविक है कि ऐसे में वे एक-दूसरे के सामने अपने जीवन के केवल उन्हीं अच्छे पक्षों को रखते हैं, जिनके बारे में वे निश्चिन्त होते हैं कि वे उनके जीवन के सर्वोत्तम पक्ष होंगे। इस प्रकार रोमांसवाद अपने-अपने सर्वोत्तम पक्ष को परोसने तथा एक-दूसरे के सर्वोत्तम पक्ष को जानने का ही एक वाद है।

और जैसे ही प्रेमी-प्रेमिका के संबंध पति-पत्नी के रूप में परिवर्तित होते हैं, वैसे ही यह जानने का सिलसिला ज्यादा तेज़ी से आगे बढ़ने लगता है और इस बात की गुंजाइश खत्म हो जाती है कि अब वे एक-दूसरे के बारे में सिर्फ उतना ही जानेंगे, जितना की जानने की अनुमति दी जाएगी। कुछ ही समय में सब कुछ जान लिया जाता है-अच्छा-बुरा, श्वेत-श्याम सब कुछ और इस प्रकार जब जीवन का यथार्थ सामने आ जाता है, तो एक बार मन के अन्दर फिर से यही हूक उठती है कि ''चलो एक बार फिर से अजनबी बन जाएँ हम दोनों।''

जीवन भी ठीक यही है। यदि हमें सचमुच एक अच्छा, आनन्दपूर्ण,

उत्सुकता से भरा जिज्ञासापूर्ण जीवन जीना है, तो बहुत जरूरी है कि बहुत-सी चीजों को बिन जाने ही छोड़ दिया जाये और यदि बिन जाना नहीं छोड़ पा रहे हैं, तो कम-से-कम अधजाना तो छोड़ ही दें। रहस्य के आवरण में लिपटी हुई चीजों का सौन्दर्य कई गुना बढ़ जाता है। विज्ञान, तर्क और भौतिकता के जोश में आकर सब कुछ जान और पा लेने की चाह का अन्त अन्ततः अजनबी बन जाने की कामना में ही होगा, यह हमें मानकर चलना चाहिए।

यदि हम यह मानते हैं कि जीवन में कौतूहल, जिज्ञासा, रोमांच, उत्सुकता और रहस्य की भी कोई भूमिका है, तो हमें 'बिनजाने' के लिए अवकाश छोड़ना ही छोड़ना होगा। सब कुछ जान लेने से निश्चिन्तता तो जरूर आ सकती है, लेकिन इससे जिन्दगी की जान तो निकल ही जाती है। हम सभी को अपनी जिन्दगी में कोई-न-कोई एक ऐसा कोना तो बचाकर रखना ही चाहिए, जिसमें किसी भी अन्य का प्रवेश एकदम निषेध हो। ठीक उसी प्रकार इस बात की भी इजाजत दूसरों को देनी चाहिए कि वह भी अपने यहाँ एक ऐसी निरापद जमीन तैयार कर सकें, फिर चाहे वह हमारा पति या पत्नी ही क्यों न हों।

वैसे भी मेरी सलाह यही है कि किसी का भी सब कुछ जानने का प्रयास न करें।

क्योंकि न जानने में ही निहित होता है आनन्द का पराग।

◆◆◆

एक युवती दो लोगों के साथ डिनर पर गई। एक रात उसने प्रसिद्ध ब्रिटिश राजनेता विलियम ई. ग्लैडस्टोन के साथ डिनर लिया और उसकी अगली ही रात वह बेंजामिन डिजराइली के साथ डिनर पर गई। जब उससे इन दो प्रसिद्ध लोगों के साथ डिनर के अनुभव के बारे में पूछा गया, तो उसने सोचकर जवाब दिया-"जब मैं ग्लैडस्टोन के साथ डिनर लेकर वापस लौटी, तो मैं सोच रही थी कि ग्लैडस्टोन इंग्लैण्ड के सबसे बढ़िया पुरुष हैं, परन्तु जब मैं डिजराइली के साथ डिनर लेकर लौटी, तो मैं सोच रही थी कि मैं इंग्लैण्ड की सबसे बढ़िया महिला हूँ।"

12 बना रहने दें रहस्य को जीवन में

बीज में वृक्ष को देखना एक प्रकार से बीज में निहित अद्‌भुत संभावनाओं को देखना है।

हम सब अपने सामान्य जीवन में किसी एक बीज को बीज के रूप में देखते हैं। वह बीज है भी। इसलिए बीज को बीज के रूप में देखना गलत नहीं, बल्कि एक सही और स्वाभाविक बात है, लेकिन मुझे लगता है कि क्या सचमुच में एक बीज एक बीज ही है या कि वह कुछ और भी है। क्या वह पौधा नहीं है? क्या वह एक पेड़ नहीं है? या कि अपने आप में वह फल नहीं है?

जब हम बीज को विकास के क्रम की अंतिम कड़ी मान लेते हैं, तब निश्चित रूप से एक बीज में हमें एक बीज ही दिखाई देता है, लेकिन जब हम इसी बीज को विकास की अंतिम कड़ी होने के बावजूद पहली कड़ी मान लेते हैं, तब यह बीज बीज न रहकर बरगद का अच्छा-खासा विशाल वृक्ष बन जाता है। एक माला है। इसमें यह कैसे पता लगाया जाए कि इसका पहला फूल कौन-सा है और अंतिम फूल कौन-सा। पहला भी अंतिम हो सकता है और अंतिम भी पहला। ठीक इसी प्रकार यह कैसे निश्चित किया जाए कि बीज किसी वृक्ष के विकास-क्रम का आरंभ है या अंत। शायद यह संभव ही नहीं है।

बीज में वृक्ष को देखना एक प्रकार से बीज में निहित अद्‌भुत संभावनाओं को देखना है। इन संभावनाओं में वृक्ष लाखों पत्तियों, लाखों फलों तथा उन फलों में पलने वाले लाखों-करोड़ों बीज और इन सबके

तैयार होने में लगने वाले 50 वर्षों का समय आदि सब कुछ शामिल है। सचमुच में किसी बीज में किसी वृक्ष को देखना कितना अद्‌भुत और रोमांचकारी अनुभव हो सकता है, इसे तभी जाना जा सकता है, जब ऐसा किया जाए।

क्या हम सभी अपने जीवन में मायोपिया के शिकार नहीं हो गए हैं? हमें दूर की चीज दिखाई ही नहीं देती। दुर्भाग्यपूर्ण बात तो यह है कि नजदीक की चीज दिखाई तो देती है, लेकिन वह भी साफ-साफ नहीं। जब हम जीवन को छोटे कैनवास पर देखते हैं तो उसकी सारी संभावनाओं की हत्या कर देते हैं। जब हम अपने जीवन के भविष्य में होने वाले रहस्यों को गायब कर देते हैं, तो जीवन के इस कैनवास के चटकीले रंग धूमिल पड़ जाते हैं। जीवन का सारा उछाह थम जाता है। जीवन जीवन न रहकर एक फार्मूला बन जाता है; एक ऐसा फार्मूला, जहाँ सभी कुछ निश्चित है और यदि सभी कुछ पहले से ही निश्चित है, तो फिर जीवन में आनन्द के स्रोत के लिए गुंजाइश ही कहाँ रह जाती है और यदि जीवन में आनन्द ही नहीं है, तो फिर वह जीवन ही कैसा?

जीवन को कैसा होना चाहिए? मुझे लगता है कि इसे एक सेब की तरह होना चाहिए। सेब को काटकर हम यह तो पता लगा सकते हैं कि इसमें कितने बीज हैं। हम इन्हें गिन सकते हैं। यह जीवन का एक पक्ष है, जो हमें दिखाई दे रहा है और जिसे हम जान रहे हैं। हम एक सेब में यह तो पता लगा सकते हैं कि उसमें कितने बीज हैं, लेकिन क्या हम यह भी पता लगा सकते हैं कि उन बीजों में कितने सेब हैं? यह संभव नहीं है। उन बीजों में अनगिनत सेबों के उत्पादन की क्षमता है। यह एक रहस्य है। यह एक संभावना है। जीवन में भी यह रहस्य और यह संभावना बनी रहनी चाहिए।

लेकिन हम सब इतने अधिक उतावले हैं कि केवल आज की बात को आज ही जानना नहीं चाहते, कल की बात को ही आज जानना नहीं चाहते, बल्कि अंतिम दिन तक की बात को भी आज ही जान लेना चाहते हैं।

तो क्या इसका अर्थ यह नहीं हुआ कि हम रहस्य को अपने जीवन से पूरी तरह खारिज कर देना चाहते हैं? और यदि ऐसा हो जाता है, तो फिर क्या

जीवन जीवन रह जाएगा। ऐसा हो जाने से क्या एक सूखे बीज में वृक्ष को देखने की संभावनाओं का सुख समाप्त नहीं हो जाएगा?

हममें से ज्यादा लोगों को यह गलतफहमी रहती है कि जीवन वही है, जो दिखाई दे रहा है, जिसे हम भोग रहे हैं, जबकि सच्चाई इसकी ठीक उल्टी है। सच का जीवन तो वह है, जो हमें दिखाई देता है। बीते हुए दिनों से स्मृतियाँ बनती हैं और आने वाले दिनों से कल्पना। हम अपना ज्यादातर समय तो इन्हीं दोनों के साथ बिताते हैं। अब आप सोचकर देखिये कि यदि हमने आने वाले दिनों के बारे में सब कुछ और सही-सही जान लिया, तो फिर कल्पना के लिए गुंजाइश ही कहाँ रह जाएगी, तो फिर रहस्य और रोमांच के लिए अवसर ही कहाँ रह जाएगा।

एक विचारधारा यह भी है कि भविष्य को यदि जान लिया जाता है, तो हम एक प्रकार से हमेशा-हमेशा के लिए निश्चिन्त हो जाते हैं और जिन्दगी के लिए निश्चिन्त हो जाना बहुत बड़ी बात है। हो सकता है कि आप सही हों और पूरी तरह से सही हों, लेकिन यह सही होना आपका अपना सही होना हो सकता है, शायद सबका सही होना नहीं। वैसे यदि आप खुद भी अपने इस विचार पर ध्यान देंगे, तो शायद आप खुद इस धारणा को धीरे-धीरे बदलने की ओर बढ़ने लगेंगे।

एक बहुत ही सामान्य-सा प्रश्न है कि क्यों हम सभी घूमने जाने के लिए नये-नये स्थानों को चुनते हैं? जाहिर है कि इसलिए, क्योंकि उस स्थान को हमने देखा नहीं है। यानी कि वह स्थान अनजाना है, तो उस नये स्थान का जो सौन्दर्य है, जो सुख है, वह हमारे 'अनजानेपन' में छिपा हुआ है, जानेपन में नहीं।

बस, यही बात जिन्दगी पर भी लागू होती है। एक बार आप इसे स्वीकार करने का साहस तो कीजिए, फिर आप बताइएगा कि 'अब आपको कैसा लग रहा है।'

निश्चित रूप से इससे आप आनन्द से भर उठेंगे।

◆◆◆

13 समस्याएँ ही प्रसन्नता हैं

यदि सचमुच में मेरी प्रसन्नता की चाह प्रबल है, तो मेरी प्रसन्नता की सामर्थ्य मेरी समस्या की सामर्थ्य से अधिक होनी चाहिए।

आखिर प्रसन्नता के बारे में हमसे गलती होती कहाँ है ? हम इसी भाव को पाना चाहते हैं। हमारे जीवन का एकमात्र उद्देश्य प्रसन्न रहना है, लेकिन हम जीवन में सब कुछ पा जाते हैं, सिवाय उसको छोड़कर, जिसको पाने के लिए हम सब कुछ कर रहे हैं। अद्‌भुत शारीरिक, मानसिक और आध्यात्मिक शक्ति से भरपूर हम मानव जाति से आखिर ऐसी कौन-सी ग़लती हो रही है कि हम उसे ही नहीं पा रहे हैं, जिसे पाना चाहते हैं।

हमसे इस बारे में बहुत-सी गलतियाँ हो रही हैं, लेकिन शायद सबसे बड़ी गलती यह हो रही है कि हममें से लगभग सभी अपनी प्रसन्नता को अपनी समस्याओं से जोड़कर देखते हैं। हम यही मानते हैं कि शायद प्रसन्नता की देवी समस्यारहित द्वीप पर निवास करती है। यदि समस्या नहीं होगी, तो प्रसन्नता होगी। समस्या की अनुपस्थिति ही प्रसन्नता की उपस्थिति है।

अभी मेरे सामने एक समस्या है। मैं यह सोचकर इस समस्या से जूझता हूँ कि जैसे ही यह समस्या खत्म हो जाएगी, वैसे ही प्रसन्नता आ जाएगी। मुझसे यहाँ एक मूलभूत भूल होती है। वह भूल यह है कि मैं एक समस्या को जीवन की समस्त समस्याओं का अन्त मान लेता हूँ। मैं यहाँ भूल जाता हूँ कि जैसे ही यह एक समस्या हल होगी, वैसे ही कोई दूसरी नई समस्या आ जाएगी। मैं इस बात को समझ ही नहीं पाता कि इस एक समस्या को हल करने की प्रक्रिया में मैं न जाने कितनी अन्य समस्याओं को जन्म दे रहा हूँ।

लोग रात-दिन धन कमाने में जुटे हुए हैं। किसलिए? इसलिए, ताकि धनवान बन सकें। धनवान किसलिए? ताकि समस्याएँ न रहें। ताकि वे प्रसन्न रह सकें, लेकिन धन कमाने की इस कोशिश में वे न जाने क्या-क्या कितना खो चुके होते हैं कि वे ही भविष्य में इसके लिए अनेक समस्याओं का कारण बन जाते हैं। वे अपने स्वास्थ्य से हाथ धो बैठते हैं। उनके स्वयं का शरीर उनके लिए समस्या बन जाता है। मालूम हुआ कि एक समस्या तो हल हो गई, लेकिन वह अन्य कई समस्याओं को जन्म दे गई। तो जब सच्चाई यही है, तो प्रसन्नता आएगी कहाँ से?

यदि हम अपनी प्रसन्नता को समस्याओं से जोड़कर देख ही रहे हैं, तो फिर समस्या को ही हम प्रसन्नता का आधार क्यों नहीं बना लेते? यह ठीक है कि समुद्र के तट पर बैठकर विश्राम करना बहुत अच्छा लगता है, लेकिन तूफानों से लड़ने का मज़ा भी तो कुछ और है। क्या समस्याओं के सुलझने का दौर ही प्रसन्नता अनुभव करने का दौर नहीं बन सकता? बन सकता है और यदि प्रसन्नता चाहिए, तो उसके लिए इसके सिवाय कोई दूसरा रास्ता भी नहीं है।

हमें यह मानकर चलना ही होगा कि हमारे जीवन का कोई भी पल ऐसा नहीं है, जो समस्याओं से रहित हो। प्रसन्नता हो या न हो, लेकिन समस्याएँ तो रहेंगी ही और यदि हमको प्रसन्न रहना है, तो समस्याओं के सह-अस्तित्व के साथ ही उसे स्वीकार करना होगा। इसका कोई विकल्प नहीं है। जीवन में समस्याएँ हैं रहेंगी। हम जीवन में प्रसन्न होना चाहते हैं। जब तक जीवन है, तब तक समस्याएँ हैं। तभी तक इस प्रसन्नता की चाह भी है।

मैं समझता हूँ कि यदि सचमुच में मेरी प्रसन्नता की चाह प्रबल है, तो मेरी प्रसन्नता की सामर्थ्य मेरी समस्या से अधिक होनी चाहिए। प्रसन्नता की मेरी लालसा इतनी उत्कट होनी चाहिए कि बड़ी-से-बड़ी समस्याएँ उसके सामने बौनी जान पड़ें। वह चाह ही क्या, जो छोटी-छोटी बाधाओं के सामने समर्पण करने की मुद्रा में आ जाए। यह तो प्रकृति का नियम ही है कि बलशाली जीतेगा। तो यह हम पर है कि हमारी समस्याएँ बलशाली हैं या कि हमारी प्रसन्नता।

हमें इस तथ्य को तो स्वीकार कर ही लेना चाहिए कि समस्यारहित क्षणों की परिकल्पना पूरी तरह झूठी है, अस्तित्त्वविहीन है। जीवन में जिन लोगों ने भी प्रसन्नता प्राप्त की है, वे समस्याओं के साथ ही इसे पा सके हैं। प्रसन्नता तो समस्याओं की तरंगों पर उछलती हुई एक नाव के समान है। तरंगें उठ रही हैं, लेकिन नाव परेशान नहीं है। उसने तो तरंगों को झूला बना लिया है। वह उठती हुई तरंगों के साथ उठ रही है और गिरती हुई तरंगों के साथ गिर रही है। मस्ती में झूल रही है नाव, उन तरंगों के साथ। बस यही तो है–प्रसन्नता। क्या इससे अधिक भी कुछ है? नहीं। बिल्कुल भी नहीं। बिना इसे समझे प्रसन्न होने की कामना स्वयं को भुलावे में रखने के सिवाय कुछ भी नहीं है, लेकिन सवाल यह है, संकट यह है कि क्या हम इसे समझ पा रहे हैं?

मुझे अक्सर लगता है और शायद आपको भी लगता होगा कि यदि हमारी सारी समस्याएँ खत्म हो जाएँ, तो पक्का जानिये कि प्रसन्नता भी खत्म हो जाएगी। प्रसन्नता की चाह ही इसलिए है, क्योंकि समस्याएँ हैं। यह एक सापेक्ष जरूरत है। यदि तुलना करने के इस आधार को खत्म कर दिया जाए, तो प्रसन्नता की चाह का आधार ही खत्म हो जाएगा। ये दोनों चचेरे भाई नहीं बल्कि सहोदर हैं। इस तथ्य के समझ में आते ही समस्याओं के चेहरे पर प्रसन्नता की लकीरें उभरती हुई दिखाई देने लगती हैं।

प्रसन्नता मूलतः समस्याओं को सुलझाने की प्रक्रिया में किए जाने वाले कर्म से प्राप्त एक भाव है, बशर्ते कि उस कर्म को एक सकारात्मक भाव से किया जाए न कि अनमने भाव से। कर्म के दौरान जो संघर्ष होता है, संघर्ष के इसी घर्षण से प्रसन्नता की चिंगारियाँ छिटकती हैं, आनन्द के प्रकाश का झरना फूटता है।

◆◆◆

सिविल वार के दौरान जब श्रीमती लिंकन ने दक्षिणी लोगों के बारे में कटुतापूर्ण शब्द कहे, तो लिंकन ने जवाब दिया था-'उनकी आलोचना मत करो, मैरी। अगर हम उन परिस्थितियों में होते, तो हम भी वैसे ही होते।'

14 खुशी और सुख एक नहीं हैं

खुशी तात्कालिक है, तत्क्षण है। यह उसी पल हमें मिल सकती है, जिस पल हम इसे पाना चाहते हैं। सच तो यही है कि यदि इसे पाना है, तो वह तत्क्षण में ही संभव है, स्थगन में नहीं।

थोड़ा-थोड़ा होते-होते हम काफी कुछ भटक गए हैं और मजेदार बात यह कि हमें पता भी नहीं चला कि हम भटक रहे हैं और जब पता चला, तब लगा कि यह भटकाव हमारी अपनी सहमति से हुआ है, जो और भी अधिक खतरनाक बात है।

सचमुच, हमें नहीं मालूम कि खुशी (आनंद) की तलाश में लगे रहने वाले हम लोग कब खुशी से भटककर सुख की तलाश में लग जाते हैं। हमें यह यकीन दिलाया गया है और हमें यकीन हो भी गया है कि सुख में ही खुशी है। जब हमारे पास सुख के सभी साधन जुट जाएँगे, तब खुशी का फव्वारा अपने-आप फूट पड़ेगा, लेकिन जिनके साथ ऐसा हो गया है, वे इस सच्चाई को पूरी तरह से महसूस कर रहे होंगे कि 'क्या वे वाकई में खुश हैं?' जब व्यक्ति और समाज की दिशा एवं मंजिल खालिस भौतिकवादी उपलब्धियाँ हो गई हों, मुझे लगता है कि इन दोनों शब्दों (सुखी और खुशी) के अर्थ के गहरे अंतर को समझना निहायत ही जरूरी है, क्योंकि वर्तमान व्यवस्था इन दोनों को एक जैसा बताने की कोशिश करके हमें बरगलाने में सफल होती नज़र आ रही है। यही भ्रम आज हमारे जीवन के द्वन्द्वों, टकरावों एवं विडम्बनाओं के अनेक कारणों में से एक है।

आइए, हम अपने अंदर पूरी सतर्कता से झाँककर देखने और समझने की कोशिश करें कि क्या हमारे साथ भी तो ऐसा नहीं है। शायद ऐसा

ही है। आशावादी दर्शन को हर साँस में जीने वाले हम पूर्वी देशों के समझदार नागरिक, इस गहन किन्तु निर्विवाद, स्पष्ट एवं मूल सत्य को भुला बैठे हैं कि सुख शरीर का होता है और खुशी है–मन का भाव। यदि जीवन की मूलभूत आवश्यकताओं को छोड़ दिया जाए, तो अन्य कोई भी अभाव व्यक्ति को उसकी खुशी से अलग नहीं कर सकता, बशर्ते कि वह जान बूझकर दुःखी होना न चाहे। ज्यादातर तो यही होता है कि जो सुखी दिखाई देते हैं, वे मूल रूप से बहुत खुश नहीं रहते। रह ही नहीं सकते, क्योंकि सुख की कीमत ही है–खुशी।

तो क्या ऐसा नहीं हो सकता कि हम इन दोनों भावों को साथ–साथ निभा ले जाएँ? हम भारतीयों के लिए यह प्रश्न बहुत मायने रखता है, क्योंकि हमारी चेतना और हमारा अवचेतन मन निरन्तर इस प्रश्न से जूझता रहता है। इससे जूझना हमारा संकट है।

शायद इस शाश्वत संकट का समाधान हमें इस छोटे से वाक्य में मिल सकता है कि 'सुख की खोज कभी भी पूरी नहीं होने वाली एक अनन्त खोज है।' जब खोज ही अनन्त और असीम है, तो फिर उसकी प्राप्ति का सवाल ही कहाँ रह जाता है।

जबकि खुशी तात्कालिक है, तत्क्षण है। यह उसी पल हमें मिल सकती है, जिस पल हम इसे पाना चाहते हैं। सच तो यही है कि यदि इसे पाना है, तो वह तत्क्षण में ही संभव है, स्थगन में नहीं। इसे कल के लिए स्थगित करने का अर्थ ही है कि आप इसे बाहर से, कहीं एवं किसी और से पाना चाहते हैं, जो इसे पाने की प्रक्रिया के ही विरुद्ध है। हमें इस कटु सत्य को पूरी तरह आत्मसात कर लेना चाहिए कि खुशी शुद्ध एक भाव हैं और अपने–आप में पूरी तरह स्वतंत्र है। इसे किसी भी बाहरी सहारे की ज़रूरत नहीं पड़ती। यह तो महज अनुभव करने की चीज है, जिसके लिए किसी चीज के होने की अनिवार्यता नहीं है। इस अद्‌भुत भाव का अनुभव आप कभी भी और कहीं भी कर सकते हैं और कितने भी लंबे समय तक करते रह सकते हैं। यह पूरी तरह आपकी अपनी क्षमता पर निर्भर करता है। यदि आप चाहें, तो आप ताउम्र इस

विलक्षण अनुभव की खुमारी में खोए रह सकते हैं।

एक बात और। आनन्द के इस अनुभव की केवल लम्बाई ही नहीं होती, बल्कि एक ऐसी गहराई भी होती है, जिसका कोई तल नहीं होता। यह अतल है। आप इसके जितने गहरे उतरना चाहें, उतर सकते हैं। आप इसके जितना गहरे उतरेंगे, खुशी की मिठास उतनी ही अधिक बढ़ती चली जाएगी। जबकि सुख इसके विपरीत होता है। वह इस मायने में कि एक सीमा के बाद बाहरी वस्तुएँ आपको सुख देने से इंकार कर देती हैं। हालाँकि आप उन्हें फिर भी इकट्ठा करते रहते हैं, नई-नई चीजें जोड़ते रहते हैं, इस आशा में कि शायद कुछ नया हो जाए, लेकिन कुछ होता नहीं।

अब यह पूरी तरह से हम पर है कि हम क्या पाना चाहते हैं-सुख या खुशी। याद रखें कि ये दोनों एक नहीं हैं।

यदि आप खुश हैं, तभी आप आनन्द में हैं।

◆◆◆

जब लोग अपने बच्चों को आशीर्वाद दिलाने के लिए ईसा मसीह के पास जाने लगे, तो शिष्यों ने उन्हें तिरस्कृत किया, क्योंकि उनका विचार था कि ईसा मसीह के पास इन तुच्छ कार्यों के लिए समय नहीं है। पर धर्मग्रंथ बताते हैं कि ईसा इस बात पर अपने शिष्यों से नाराज हो गए थे। उन्होंने कहा था-''बच्चों को मेरे पास आने दो। उन्हें रोको मत, क्योंकि ईश्वर का राज्य इन्हीं जैसे लोगों का है। मैं तुम्हें हकीकत बताता हूँ। जो ईश्वर के राज्य को एक छोटे बच्चे के राज्य की तरह स्वीकार नहीं करेगा, वह कभी इसमें प्रवेश नहीं कर पाएगा।'

15 कर्म का होता है अद्भुत आनन्द

मशाल के गतिशील होते ही उसके सौन्दर्य में कई गुना वृद्धि हो जाती है।

जीवन की एक अद्भुत विचित्रता यह है कि वह आराम चाहता है और जब सचमुच में उसे आराम मिल जाता है, तब वह बेचैन हो उठता है। जब इस बेचैनी को दूर करने के लिए वह फिर से कर्मरत होता है, तो एक बार फिर से आराम की इच्छा होती है और यही चक्र जीवन भर चलता रहता है। ऐसे में यह लगना स्वाभाविक ही है कि फिर किया क्या जाए?

ऐसा लगता है कि हमने शायद आराम को ही गलत ढंग से समझा है। हमने कार्य के अभाव को, कर्म के अभाव को आराम मान लिया है। जब हम कुछ नहीं कर रहे हैं, तब आराम कर रहे हैं। मुझे लगता है कि आराम की यह परिभाषा ही अपने-आप में पूरी तरह गलत है। आराम के लिए मुझे घोड़े के सोने की पद्धति वाला उदाहरण सबसे सटीक मालूम पड़ता है। आपको मालूम होगा कि घोड़ा खड़े-खड़े ही सोता है। उसे बैठने या लेटने की ज़रूरत नहीं पड़ती। वह खड़ा है और सो रहा है। यानी कि वह कर्मरत है और आराम भी फरमा रहा है। क्या हमारे साथ ऐसा हो सकता है?

सच पूछिए तो हमारे साथ ऐसा ही होना चाहिए और हमारा संकट ऐसा न होने का ही संकट है। कर्म एक प्रकार की शारीरिक गतिशीलता है। हम इस शारीरिक गतिशीलता से घबड़ाते हैं। महत्त्वपूर्ण बात यह है कि शारीरिक गति और मन की गति, इन दोनों में परस्पर विरोध होता है। जब शरीर

गतिशील रहता है, तब मन की गति मन्द पड़ जाती है। ठीक इसके विपरीत जब शरीर शिथिल रहता है, तब मन की गति बहुत तेज़ हो जाती है। यही कारण है कि जब हम कर्मविहीन हो जाते हैं, तब हमारे मन की गति इतनी तेज़ हो जाती है, वह इतना चंचल हो उठता है कि हमें चैन से बैठने नहीं देता। हमें बेचैन कर देता है।

और फिर कर्म का भी तो अपना अलग सौन्दर्य है। हर व्यक्ति सुन्दरता का पुजारी होता है, लेकिन यह सुन्दरता केवल प्रकृति या शरीर की ही सुन्दरता नहीं होती, बल्कि यदि कोई सबसे बड़ी सुन्दरता है, तो वह कर्म की होती है। मशाल जल रही है। हालाँकि वह रौशनी तो देती है, लेकिन इतनी अच्छी नहीं लगती, लेकिन जैसे ही हम उस एक मशाल को गतिशील कर देते हैं, उसे गोल-गोल घूमाने लगते हैं, वैसे ही अग्नि का एक वृत्त बन जाता है। बहुत ही सुन्दर लगती है-यह अग्निमाला। मशाल के गतिशील होते ही उसके सौन्दर्य में कई गुना वृद्धि हो जाती है। यही तो है कर्म का सौन्दर्य। जुगनू बैठा हुआ है। उसके होने तक का आभास नहीं होता, लेकिन जैसे ही वह उड़ने लगता है, नीले और हरे रंग का मिलाजुला प्रकाश दिखाई पड़ने लगता है। जुगनू, जुगनू होता ही तभी है, जब वह उड़े। कितना सुन्दर लगता है जुगनू का यह प्रकाश, तो प्रकाश और जुगनू का यह सौन्दर्य उसकी गतिशीलता का ही तो सौन्दर्य है।

सच तो यही है कि आराम का आनन्द भी कर्म करने के बाद ही आता है। आराम करते रहने में आराम की इच्छा यदि होती है, तो इस इच्छा की पूर्ति आनन्द का कारण कभी नहीं बन सकती। भूख के बाद रूखा भोजन भी स्वादिष्ट लगता है और प्यास के बाद कुनकुना पानी भी ठण्डा लगता है। वस्तुतः आनन्द इन दो विपरीत ध्रुवों के संगम में ही निहित होता है। इसलिए कर्म में आराम और खूब कर्म के बाद आराम की इच्छा ही एक सही इच्छा कही जा सकती है।

मैंने अवसाद (डिप्रेशन) के बहुत से लोगों में पाया है कि इसका कारण उनकी कर्महीनता की स्थिति थी। वे अपने दायित्त्वों से बचना चाहते थे। एक विचित्र किस्म की जड़ता ने उनके मस्तिष्क और शरीर को जकड़

लिया था। वे या तो ठण्डे बर्फ बन गए थे या फिर उनमें चट्टान की सख्ती आ गई थी। उनके अन्दर प्रवाह तो जैसे सूख ही गया था। गतिशीलता को तो मानों वे हमेशा के लिए ही भूल गए थे। ऐसे लोग जानते तो हैं कि उन्हें क्या करना चाहिए, लेकिन करते नहीं हैं। यदि नहीं जानते और नहीं करते, तब तो कोई परेशानी नहीं थी। परेशानी तो तब होती है, जब आप जानते हैं कि करना चाहिए और कर नहीं रहे हैं। यह जानना और जानकर नहीं कर पाना ही धीरे-धीरे अवसाद का रूप ले लेता है। यह एक प्रकार की मानसिक कर्महीनता है। पहले वे शरीर से जड़ थे। अब मस्तिष्क से भी जड़ हो गए हैं। यह जड़ता तो अन्ततः डुबोएगी ही डुबोएगी।

ऐसे जड़ लोगों के प्रति किसी की भी सहानुभूति भला क्यों होनी चाहिए? ऐसे जड़ लोगों को आनन्द की अनुभूति भला क्यों होनी चाहिए? ये तो ऐसे लोग होते हैं, जिन्हें देखकर आनन्दित हो रहे व्यक्तियों का भी आनन्द काफूर हो जाए। बचिए ऐसे व्यक्तियों से और यदि हो सके तो ऐसे व्यक्तियों को निकालिए उनकी जड़ता से।

तोड़िए जड़ता को, आनन्द का द्वार खुल जाएगा।

◆◆◆

एक अमीर पिता की इकलौती संतान डेस्डेमोना परियों जैसी सुन्दर थी, जिसने अपने समय के अनेक सुन्दर राजकुमारों के प्रेम-प्रस्तावों को ठुकराकर एक अत्यंत कुरुप हब्शी (सैनिक) ओथेलो से प्रेम किया। ओथेलो में उसे विश्व की सारी सुन्दरताएँ नज़र आईं। बाद में युद्ध से लौटने पर अपने मित्र इयागो के (जो स्वयं डेस्डेमोना पर आसक्त था) गलत सिखाने पर बेवफाई की गलतफहमी के कारण ओथेलो अपनी पत्नी डेस्डेमोना की हत्या कर देता है।

ओथेलो : शेक्सपीयर

16 आनंद तैरने में है तट पर बैठने में नहीं

आनन्द केवल पाने में ही नहीं, बल्कि न पाने में भी छिपा हुआ है।

जापान की एक बहुत सुन्दर और प्रसिद्ध लोकोक्ति है–'जीवन की नदी की जय हो।' सामान्य रूप से देखने पर तो इस वाक्य में ऐसा कुछ विशेष दिखाई नहीं देता, जिसकी वजह से इसी वाक्य से इस बात की शुरुआत की जाए, लेकिन यह सच नहीं है। हम सबमें से जो भी जापान के बारे में थोड़ा-बहुत जानते हैं, वे जानते हैं कि जापान एक छोटा-सा देश है। उसके पास न तो खनिज संसाधन के भंडार हैं और न ही उसकी झोली में प्रकृति के अद्‌भुत वरदान भरे हुए हैं। इसके बावजूद वह छोटा-सा देश आज दुनिया के बहुत बड़े और सबसे धनी और यहाँ तक कि सबसे ताकतवर देश अमेरिका से टक्कर लेने की स्थिति में है। तो आइए, यहाँ थोड़ा हम यह जानने की कोशिश करें कि क्या उसकी इस क्षमता और ताकत के पीछे उसकी इस लोकोक्ति का कुछ हाथ है।

इसमें जो सबसे महत्वपूर्ण शब्द है, वह है–नदी। हमारे यहाँ कहा जाता है कि 'जीवन की जय हो।' लेकिन जापान में कहा गया है–'जीवन की नदी की जय हो।' आखिर दोनों में फर्क क्या है? नदी एक लगातार बहता हुआ प्रवाह है। दोनों ओर तट हैं और उसके बीच में पानी लगातार बह रहा है। हम जानते हैं कि जो पानी एक बार बह गया, वह बह गया। एक यूनानी दार्शनिक हुए हैं–हेराक्लूत। उन्होंने एक बहुत ही अच्छी बात कही थी कि 'आप एक ही नदी को दोबारा पार नहीं कर सकते।' उनके कहने का आशय यही था कि

जिस समय पहली बार आपने नदी को पार किया था, उस समय का पानी अब बहकर पता नहीं कहाँ जा चुका है। अब तट तो वही है। जमीन भी वही है। पार करने वाला भी वही है, लेकिन जिसे पार किया जा रहा है, वह वही नहीं है। आखिर बात भी तो सच है। नदी का मतलब न तो तट है और न ही जमीन। नदी का मतलब है- पानी और वह भी बहता हुआ पानी। यदि पानी है, तो नदी है और यदि पानी नहीं है, तो नदी भी नहीं है। तो जब पानी नदी है और वह पानी बहकर आगे न जाने कहाँ जा चुका है, तो फिर भला यह कैसे हो सकता है कि हम एक ही नदी को दुबारा पार करें।

जापान के लोगों की सफलता इसी बात में निहित है। वहाँ का जीवन इस बात को स्वीकार करता है कि जो वर्तमान क्षण है, वह अभी है। चाहे हम इसे समय कह लें या इसे जीवन कह लें, यह नदी की तरह लगातार बह रहा है। उन्हें इस बात का यकीन है या यह कहना ज्यादा सही होगा कि इस बात में उनकी गहरी आस्था है कि यदि हम अभी चूक गए, तो फिर हमेशा के लिए चूक जाएँगे। इसलिए जरूरी है कि हम चूकें ही नहीं। जिस व्यक्ति की धारणा इस तरह की होगी, स्वाभाविक है कि वह व्यक्ति हमेशा सतर्क रहेगा, सजग रहेगा और कर्मरत भी रहेगा, क्योंकि वह चूकना ही नहीं चाहता। वह नदी के बहते हुए इस प्रवाह में लगतार गोते लगाते रहना चाहता है। वह तट पर खड़े होकर प्रवाह को देखने वाला अकर्मण्य व्यक्ति नहीं बनना चाहता। वह नदी के साथ ही बहना चाहता है, क्योंकि उसके लिए जीवन अपने आप में एक नदी है।

अब यदि हम इसी बात को अपनी जीवन-पद्धति पर लागू करें, अपनी सोच के संदर्भ में देखना, समझना, जाँचना और परखना चाहें, तो मुझे लगता है कि हमने तो खड़े हुए तटों को ही नदी समझ रखा है। हम तट पर खड़े हैं। मतलब कि नदी के किनारे खड़े हैं। उसमें पानी है या नहीं, इससे हमारा कोई सरोकार नहीं। यही वह कारण है कि हम रंगमंच के अभिनेता न होकर रंगमंच पर खेले जाने वाले नाटक के महज दर्शक बनकर रह गए हैं और जो दर्शक होगा, वह कभी भी जीवन का सच्चा आनन्द नहीं ले सकता।

यहाँ एक बात और। हम सभी आनन्द की खोज में कुछ उसी तरह

व्याकुल हैं, जिस तरह कस्तूरी-मृग कस्तूरी की खोज में बेचैन होकर इधर-उधर भटकता रहता है। हम इस बात को भूल जाते हैं कि आनन्द की प्राप्ति प्रवाह के साथ या प्रवाह के विरोध में तैरने से होती है। आनन्द कोई ऐसी वस्तु नहीं है, जो हिमालय के एक शिखर पर या किसी खोह में रखी हुई है, जिसे हम वहाँ जाकर प्राप्त कर सकते हैं। सच्चा आनंद तभी है, जब हम कर्मरत हों और फिर हम यह क्यों भूल जाते हैं कि यदि हमें धारा के बीच तैरना पड़े, तो तैरने से परहेज नहीं करना चाहिए, क्योंकि विकास के जो भी रूप आज हमारे सामने मौजूद हैं, वे केवल इसलिए हमारे सामने हैं, क्योंकि कुछ लोगों ने धारा के विपरीत तैरने का साहस दिखाया था।

फिर यह भी तो है कि जोखिम का भी अपना एक अलग आनन्द होता है। आनन्द केवल पाने में ही नहीं, बल्कि न पाने में भी छिपा हुआ है। सच बात तो यह है कि आनन्द न तो पाने में है और न खोने में है और न ही न पाने में है। बल्कि यदि आनन्द या हम इसे सच्चा आनन्द कहें, तो वह केवल करने में छिपा हुआ है। सच्ची अनुभूति तभी होती है, जब हम कर रहे होते हैं।

मुझे लगता है कि जापान की यह लोकोक्ति इसी तरफ इशारा करती है कि जीवन एक नदी है। नदी की तरह बहते रहिए, तो जीवन एक उत्सव बन जाएगा। जो बहेगा नहीं, जो थमेगा, वह तालाब बन सकता है, पोखर और झील बन सकता है, लेकिन नदी नहीं बन सकता। नदी, नदी इसलिए है, क्योंकि वह थमी हुई नहीं है। उसका सारा सार, उसका सारा सौन्दर्य और उसकी सारी जीवनी-शक्ति उसके बहते रहने में है।

तो क्या यह हमारा जीवन भी एक नदी ही नहीं है? सोचिए कि यदि इसका प्रवाह रुक गया, तो क्या फिर जीवन शेष रह जाएगा? इसलिए यह ज्यादा सही नारा है कि 'जीवन की नदी की जय हो।'

जीवन को नदी बनाए रहें, आनन्द बना रहेगा।

◆◆◆

सोलोमन; जो प्राचीन हिब्रू बौद्धिक साहित्य के लेखक हैं, ने लिखा है-'जीभ में जीवन और मृत्यु प्रदान करने की शक्ति निहित होती है।'

17 कुछ-न-कुछ करते रहना होगा

लगातार भागते-भागते कुछ समय बाद हम यह तक भूल जाते हैं कि हम भाग क्यों रहे हैं?

गढ़ना, कुछ बनाना, कुछ उकेरना यानी कि कुछ रचना मनुष्य की ही नहीं, प्राणी मात्र की ही नहीं, बल्कि शायद प्रत्येक उस वस्तु का एक अन्तर्निहित गुण है, जिसका अस्तित्व इस ब्रह्माण्ड में है। यदि हम यह स्वीकार करते हैं और स्वीकार करते ही हैं कि प्रत्येक वस्तु गतिशील है, (यहाँ तक कि एक निस्पन्द अणु के अन्दर भी प्रोट्रान-न्यूट्रान चक्कर लगाते रहते हैं), तो इसके साथ ही हमें यह भी स्वीकार करना ही चाहिए कि गतिशीलता में परिवर्तनकारी शक्ति होती है। जिसमें गति होगी, वह जहाँ दूसरों को परिवर्तित करेगी, वहीं स्वयं भी परिवर्तित होगी।

तो क्या हम इस गतिशीलता को, इससे भी अधिक इस परिवर्तन को रचना करने वाला एक गुण नहीं मान सकते ? मकड़ी खूबसूरत जाले को बुनती है। चिड़िया कमजोर एवं अल्पायु ही सही, लेकिन बहुत कलात्मक घोंसला बनाती है। बहती हुई हवाएँ रेत पर न जाने कौन-कौन-सी मनमोहक आकृतियाँ उकेरती रहती हैं। वर्षा धरती की कोख से अंकुरों के फूटने का कारण बनती है तथा चट्टानों पर से बहकर न जाने कितनी चित्रकारियाँ रचती है। कठोर चट्टानें स्वयं को हीरे और संगमरमरों जैसे खूबसूरत, चमकीले और मनमोहक रूप में बदल लेती हैं। हवाओं के साथ अठखेलियाँ करके बादल अपने को पल-पल में अनेक-अनेक रूपों में बनाते और मिटाते रहते हैं।

और हम मनुष्य। क्या रचते हैं हम ? क्या रच रहे हैं हम, सिवाय

उसके, जो प्रकृति ने हमारे लिए अनिवार्य कर रखा है, जैसे कि सन्तानोत्पत्ति? जीवन का लगभग एक तिहाई भाग केवल इस प्रयास में बीत जाता है कि हम अपने आपको ऐसा बना सकें कि हम कुछ रच सकें और जब हम इस स्थिति में आते हैं, तो रचना करना छोड़कर कमाना शुरू कर देते हैं। अधिक-से-अधिक संग्रह कर लेने की इतनी अधिक उत्तेजना हममें पैदा हो जाती है कि रचना करने का भाव ही खो जाता है और बस, यहीं सब कुछ खत्म हो जाता है। हम सबमें से अधिकांश का खत्म ही हो चुका है।

और जब यह ही खत्म हो चुका है, तो फिर हमें जीवन से शिकायत क्यों है कि वह नीरस हो गया है। उसे तो नीरस होना ही था, क्योंकि हमने उसके रस को चूस जो लिया है। हमने जीवन को उसकी रचना करने के अन्तर्निहित गुण से वंचित कर दिया है। जीवन और रचनात्मकता को अलग-अलग करके हम एक ऐसी दौड़ में शामिल हो गए हैं, जहाँ थकने के बावजूद हम भागना बंद नहीं करते। सच पूछिये तो लगातार भागते-भागते कुछ समय बाद हम यह तक भूल जाते हैं कि हम भाग क्यों रहे हैं। फिर भी हम भागते रहते हैं।

तो फिर इस भागमभाग की जिन्दगी में भला रचनात्मकता के लिए अवकाश ही कहाँ मिलेगा? तो फिर जीवन, जीवन कहाँ रह जाएगा। क्या हम सभी के साथ कमोवेश ऐसा ही नहीं हो रहा है?

सबसे बड़ी बात यह है कि कुछ भी रचना एक प्रकार से अपने अस्तित्व को प्रमाणित करना होता है। यह इस बात की उद्घोषणा होती है कि हम हैं और इस धरती पर सार्थक तरीके से हैं। चूँकि मनुष्य में चेतना है, एक परम चेतना है, इसलिए उसकी रचनात्मकता शेष जीव-जगत की रचनात्मकता से भिन्न है। जहाँ शेष जीवों की रचनात्मकता उनके केवल अस्तित्व की रक्षा करने तक सीमित रहती है, वहीं मनुष्य की रचनात्मकता सौन्दर्य-बोध, आत्मसंतोष और यहाँ तक कि आत्मसाक्षात्कार करने तक विस्तृत हो जाती है। फिर यही विस्तार व्यक्ति को एक अजीब तरह के उदात्त अस्तित्व बोध से भर देता है।

इसलिए अपनी रचनात्मक इच्छाओं की कभी उपेक्षा मत कीजिए।

कुछ-न-कुछ रचते रहिए, ताकि जीवन में रागात्मकता बनी रहे। यही रागात्मकता जीवन के होने का एहसास कराती है। जीवन की नीरसता, खालीपन, अवसाद तथा निराशा के मूल में होता है-रागात्मकता का खो जाना, रचनात्मकता का गुम हो जाना।

हमें इतना तो विश्वास करना ही चाहिए कि यदि ईश्वर (प्रकृति) मकड़ी को जाला बुनने, पक्षी को घोंसला बनाने तथा झींगुर को सांध्य संगीत छेड़ने की कलाकारी दे सकता है, तो क्या उसने हमें कुछ भी नहीं दिया होगा? उसने दिया है। सबको दिया है उसने, और भरपूर दिया है। हम उसे लेकर भूल गए हैं। याद कीजिए उसे और अपने जीवन को रचनात्मकता के संगीत से भर दीजिए, तब देखिए कि जीवन कितना भरा-पूरा लगता है।

साथ ही तब देखिए कि जीवन कैसे आनन्द से भर जाता है।

♦♦♦

'विमल दा प्रोडक्शन', जिसने 'दो बीघा जमीन' जैसी यथार्थवादी फिल्म बनाई थी, का जन्म अचानक मुम्बई की डबलडेकर बस में हुआ था। हुआ यों कि एक बार बिमल दा अपने साथियों-ऋषिकेश मुखर्जी, अक्षित सेन आदि के साथ मुम्बई के इरोज थियेटर से जापानी फिल्मकार कुरोसावा की 'रोसोमन' देखकर लौट रहे थे। बिमल राय ने अपने साथियों से पूछा कि "हम 'रोसोमन' जैसी यादगार फिल्म क्यों नहीं बना सकते।" बस, इसी उद्देश्य से उन्होंने वहीं एक फिल्म कम्पनी बनाने का फैसला कर लिया।

18 जोखिम में भी होता है आनन्द

जीवन में जोखिम के अन्त का होना एक प्रकार से जीवन से जीवन का ही अंत हो जाना है।

यदि मैं आपसे कहूँ कि यदि आप जीवन में सचमुच में आनन्द प्राप्त करना चाहते हैं, तो जीवन में जोखिम को आमंत्रित कीजिए, तो निश्चित रूप से आप मुझे गलत, मूर्ख और यहाँ तक कि सिरफिरा भी घोषित कर सकते हैं। यदि आप ऐसा करते हैं, तो आप कुछ भी गलत नहीं करते। आप सही हैं और सोलहों आने सही हैं। हर व्यक्ति जोखिम से बचना चाहता है, जिसमें मैं स्वयं भी शामिल हूँ। आप भी बचना चाहते हैं। हम जो कुछ भी करते हैं, वह एक प्रकार से जोखिम से बचने के लिए ही तो करते हैं। चाहे वह सम्पत्ति का संग्रहण हो या जीवन का बीमा। यह सब इसीलिए तो है कि हम अपने-आपको भविष्य की जोखिम से बचाकर रख सकें और ऐसा हम इसलिए करते हैं, क्योंकि हम यह मानकर चलते हैं कि हमारा मन आगामी दुर्घटनाओं की आशंकाओं से जितना अधिक मुक्त होगा, हम उतनी ही अधिक निश्चिन्तता का अनुभव कर सकेंगे। हम उतना ही अधिक भविष्य के प्रति आशान्वित हो सकेंगे और यह निश्चिन्तता और आशा हमें आनन्द प्रदान करेगी। सदियों से ऐसा ही होता आया है। निःसंदेह रूप से सदियों तक ऐसा ही होता रहेगा, लेकिन क्या हम इसे सही ठहरा सकते हैं?

सोचिए। जल्दबाजी में नहीं, बेचैनी में नहीं, पूर्वाग्रह से ग्रस्त होकर नहीं, बल्कि शान्त, स्थिर और तटस्थ मन से सोचकर देखिए कि क्या

सचमुच जोखिमविहीन जीवन आनन्द का कारण बन सकता है? यदि ऐसा होता, तो क्या दुनिया के धनी लोग आनन्द के सबसे बड़े दावेदार नहीं होते? यदि ऐसा ही होता, तो क्यों वे लोग अपना सब कुछ छोड़कर जीवन के दुर्गम रास्तों पर निकल पड़े, जिनकी आगामी दस पीढ़ियों तक के जीवन में जोखिम के लिए कोई गुंजाइश नहीं थी और यदि ऐसा हुआ है (ऐसा हुआ ही है) तो फिर क्या इस तरह की घटनाएँ हमें अपने निष्कर्ष पर दुबारा सोचने के लिए मज़बूर नहीं करतीं कि "जोखिमविहीन जीवन ही आनन्ददायक जीवन है।"

यह ठीक है कि जब जहाज बन्दरगाहों पर खड़े रहते हैं और अपने पालों को गिराकर नौकाएँ तटों पर बँधी रहती हैं, तो वे बहुत सुरक्षित रहती हैं और सुन्दर भी, लेकिन क्या जहाज और नौकाएँ तटों पर विश्राम करने के लिए ही बनी हैं? क्या आपने कभी लहरों के मस्तक पर उछल-उछलकर अठखेलियाँ करती हुईं नौकाओं को देखा है? यदि नहीं देखा है, तो देखिए और यदि साहस है, तो उस जोखिम के सौन्दर्य को दृष्टिगत करने की कोशिश भी कीजिए कि जब उठती हुई तरंगें नाव को इस तरह हिला देती हैं कि लगता ही नहीं कि वह फिर पानी की सतह पर ठीक तरीके से आ जाएगी, लेकिन वह आती है। नाव के एक किनारे पर लम्बे पतवार को दोनों हाथों से थामकर लहरों के झटकों के साथ अपने शरीर के संतुलन को साधकर प्रकृति की उस अनियमित गति के साथ अपनी देह के लय का तालमेल बैठाता हुआ साँवली देह का, नंगे बदन वाला वह नाविक एक अद्‌भुत नृत्यकार मालूम पड़ता है। हम उसे देखते हैं और अपने दाँतों के बीच उँगली को दबाकर एक आश्चर्यमिश्रित आनन्द का अनुभव करते हैं। आनन्द का यह अनुभव किनारे पर खड़े हम ही नहीं करते, बल्कि वह नाविक भी करता है। सच यह है कि हम उसे देख-देखकर डरते रहते हैं, जबकि नाविक अपने-आपको ही देख-देखकर आनन्दित होता रहता है। यदि वह डर जाएगा तो मर भी जाएगा। डरा सो मरा।

कभी-कभी तो मुझे यह भी लगता है और मेरा विश्वास है कि आपको भी लगता होगा कि जीवन में जोखिम के अन्त का होना एक प्रकार

से जीवन से जीवन का ही अंत हो जाना है। जोखिम खत्म हो गई, इसका मतलब यह भी होता है कि भविष्य खत्म हो गया। भविष्य का अर्थ ही है कि वह जो अनदेखा है। जो अनदेखा रहता है, वही तो हमें भयभीत करता है, क्योंकि जब हम किसी चीज को अच्छी तरह देख नहीं पाते, तो हमें उसके छिपे हुए रूप का भय सताने लगता है। इसी भय को तो हम जोखिम कहते हैं, खतरा कहते हैं। तो जब यही नहीं, तो भविष्य भी नहीं। जब यही नहीं, तो स्वाभाविक है कि रहस्य भी नहीं। तो फिर यदि हम एक ऐसे समय और वातावरण में रह रहे हों, जहाँ सब कुछ दिख रहा है, जहाँ जोखिम की कोई गुंजाइश न हो, जहाँ रहस्य का झीना आवरण नहीं है, तो फिर आप सोचिए, देखिए कि क्या वह हमारे अन्दर एक भयानक ऊब पैदा करने के लिए पर्याप्त नहीं है। राजकुमार सिद्धार्थ ऊबे, राजकुमार महावीर ऊबे, राम ऊबे। कृष्ण को भी द्वारिका की गद्दी पूरी तरह कहाँ रास आई। अपने आसपास नज़र डालिए, तो वहाँ भी बहुत से ऊबे हुए लोगों के दर्शन हो जाएँगे।

तो कुल-मिलाकर निष्कर्ष यह है कि जोखिम में भी आनन्द होता है। इससे डरिए नहीं। इससे परेशान न हों। ये हमारे जीवन में इसलिए आते हैं, ताकि हमारे अन्दर आनन्द के लिए एक स्थान बन सके।

◆◆◆

फ्लेमिंग नाम के स्काटलैण्ड के एक किसान ने दलदल में धँसते जा रहे एक बच्चे को बचाया, जो एक सामंत का बेटा था। पुरस्कार के रूप में कुछ भी लेने से इंकार करने पर उस सामंत ने उस किसान के बेटे को पढ़ाने की जिम्मेदारी ले ली। यही लड़का पैनिंसिलिन के शोधकर्ता एलेक्जेंडर फ्लेमिंग के नाम से प्रसिद्ध हुआ। बाद में उस सामंत का एक पुत्र रोगग्रस्त हो गया, जिसे फ्लेमिंग के आविष्कार ने बचाया। उस सामंत का नाम था-लार्ड रैनडोल्फ चर्चिल एवं उसके पुत्र का नाम था-सर विंस्टन चर्चिल जो इंग्लैण्ड का प्रधानमंत्री बना।

19 विस्मृति नहीं उदात्त विस्मृति

जब कोई भी एक छोटी-सी चीज़ सब कुछ बन जाती है, तो उसकी शक्ति इतनी अधिक बढ़ जाती है कि बड़ी-बड़ी चीज़ें भी उसके सामने बौनी पड़ जाती हैं।

सुबह-सबेरे दिमाग में अचानक कौंधे इस वाक्य ने मुझे सोचने को विवश कर दिया कि "सच्चा आनन्द या तो उदात्त विस्मृति में है, या फिर सघन स्मृति में।" सूक्त रूप में कहा गया यह वाक्य थोड़ा-सा कठिन लगता है। इसलिए जरूरी है कि इसे थोड़े विस्तार से समझने की कोशिश करें। इस बारे में मैं आपसे धैर्य और सहयोग की अपेक्षा करता हूँ।

हम समय से जितना परे होते जाते हैं, समयातीत होते जाते हैं, उतना ही तनाव से मुक्त होकर आनन्द में रचने-बसने लगते हैं। समय से परे होने का अर्थ है-समय का ज्ञान न रहना यानी कि किसी काम में इतना खो जाना कि समय कब आया, कब गया, इसका कुछ बोध ही न रह जाए। समय के बोध का न रह जाना दो स्थितियों में ही संभव लगता है। पहली है-विस्मृति और दूसरी है-स्मृति।

विस्मृति के लिए आधुनिक सभ्यता जिस तत्त्व का इस्तेमाल करती है, वह है-नशीले पदार्थ। लोग मादक पदार्थों का सेवन करके अपने वर्तमान को भूल जाना चाहते हैं। ध्यान रहे कि इससे उन्हें मिलता कुछ नहीं है। उनकी चेतना में या उनके शरीर में कुछ भी नहीं जुड़ता, बल्कि चेतना से स्मृति गायब हो जाती है और शरीर से शक्ति। यहाँ मजेदार बात यह है कि स्मृति का गायब हो जाना ही विस्मृति है और जब विस्मृति की यह स्थिति

आती है, तब उस शराबी को आनन्द का अनुभव होता है। क्या ऐसा नहीं है?

यदि ऐसा ही है और सच तो यह है कि लोग कहते हैं कि ऐसा ही होता है, तो फिर हमें इस बात को भी स्वीकार करना चाहिए कि हमारी जितनी भी स्मृतियाँ हैं, वे सब इतनी कटु हैं, तकलीफदेह हैं कि हम उनसे मुक्ति पाना चाहते हैं और यह मुक्ति विस्मृति से ही प्राप्त होती है।

लेकिन क्या सचमुच इस तरह की विस्मृति हमारे जीवन के आनन्द का आधार बन सकती है? नहीं। ऐसा बिल्कुल भी नहीं है। मुझे एक भी ऐसा धर्मग्रन्थ या नीति संबंधी पुस्तक पढ़ने को नहीं मिली, जो इस तरह की विस्मृति को आनन्द का आधार ठहराए। हाँ, एक अन्य विस्मृति जरूर होती है, जिसे मैं उदात्त विस्मृति कहना चाहूँगा। समाधि की अवस्था में साधक की स्थिति आखिर पूर्ण विस्मृति की ही तो स्थिति होती है, लेकिन यह एक उदात्त विस्मृति है, आरोपित विस्मृति नहीं।

ठीक यही स्थिति सघन विस्मृति की भी है। उदात्त विस्मृति और सघन विस्मृति में मूल फर्क केवल यह है कि जहाँ उदात्त विस्मृति में कुछ भी नहीं रह जाता, वहीं सघन स्मृति में कुछ रह जाता है, लेकिन वहाँ केवल एक ही रहता है। जब चेतना किसी एक ही स्मृति पर इस तरह टिक जाए कि दूसरे किसी का भान ही न रहे, तो यही है–सघन स्मृति। इसे ही हम बोलचाल की भाषा में मन का किसी एक ही नोंक (अग्र) पर टिक जाना अर्थात् एकाग्रता कहते हैं। सचमुच जब हमारी चेतना अपने वर्तमान क्षणों में आनन्द की इतनी गहरी अनुभूति करने लगती है कि वही उसके लिए सब कुछ हो जाता है, तो यही उसकी सघन स्मृति बन जाती है। इतनी घनी होती है यह स्मृति कि वहाँ किसी दूसरे के घुसपैठ करने की कोई गुंजाइश ही नहीं रह जाती। जो है, बस वही है और जब कोई भी एक छोटी–सी चीज सब कुछ बन जाती है, तो उसकी शक्ति इतनी अधिक बढ़ जाती है कि बड़ी–बड़ी चीजें भी उसके सामने बौनी पड़ जाती हैं। क्या एक विशाल चट्टान के सामने एक अणु की शक्ति उससे लाखों गुना अधिक नहीं होती?

अब हमारे सामने प्रश्न यह है कि हम अपने जीवन को एक सतत उत्सव में तब्दील करने के लिए उदात्त विस्मृति का सहारा लें, या सघन

स्मृति का। मुझे लगता है कि सघन स्मृति हमारी चेतना में व्याप्त काले-काले बादलों के झुण्ड हैं, जिनमें उदात्त विस्मृति की बिजली कभी-कभी तड़क उठती है। हम जो कर सकते हैं, वह यही कि अपने को अधिक-से- अधिक सघन स्मृति का पात्र बनाएँ। इस अभ्यास के द्वारा धीरे-धीरे उदात्त विस्मृति तक पहुँच सकेंगे और वह भी हमारे अन्दर स्थायी रूप से मौजूद नहीं रहेगी। वह तो आएगी और चली जाएगी। यदि मौजूद रहेगी, तो वह है-सघन स्मृति। कृपया याद रखें-स्मृति नहीं, बल्कि सघन स्मृति, इतनी घनी स्मृति कि वहाँ उसके सिवाय दूसरा कुछ भी न रह जाये।

यदि आपने क्षण भर के लिए भी भूले-भटके कहीं इसका स्वाद चख लिया, तो उसके स्वाद की याद आपके मन में इस तरह समा जाएगी कि फिर वह भुलाए नहीं भूलेगी। ऐसा नहीं है कि ऐसा केवल करने से ही होता है। बिना किए भी कभी-कभी स्वाभाविक रूप से ऐसा अपने आप हो जाता है, लेकिन फिलहाल दिक्कत यह है कि इससे अनजान होने के कारण हम उन दुर्लभ और अद्भुत क्षणों को पकड़ नहीं पाते। इसलिए उसके स्वाद से वंचित रह जाते हैं।

हो सकता है कि आपको यह बात कुछ-कुछ अटपटी और थोड़ी-बहुत अव्यावहारिक भी लगे, लेकिन ऐसा ही तो होता है कि शुरू में जिसे हम व्यवहार में नहीं लाते, वह पहले-पहल अव्यावहारिक ही लगती है और व्यवहार में आने के बाद धीरे-धीरे व्यावहारिक हो जाती है। विश्वास कीजिए कि यहाँ भी ऐसा ही है।

सघन स्मृति को व्यवहार में लाइए और बदले में चखिए आनन्द का स्वाद।

◆◆◆

तारकोवास्की की एक फिल्म है 'स्टाकर'। इसके पात्र जब एक लम्बी सुरंग से बाहर आकर चैन की साँस लेते हैं, तो हठात् पाते हैं कि वे उसी सुरंग के मुँह पर खड़े हैं, जहाँ से भीतर गये थे।

20 घटनाएँ नहीं प्रतिक्रियाएँ हैं प्रमुख

हमारे द्वारा व्यक्त की गई प्रतिक्रियाओं से ही यह निर्धारण होता है कि हम क्या हैं और जीवन में क्या पाना चाह रहे हैं।

सामान्यतः हम अपने दुःखों के लिए दूसरों को जिम्मेदार ठहराते हैं, लेकिन अपने सुख का कारण हम खुद को ही समझते हैं। यदि सुख का कारण स्वयं ही हैं, तो भला दुःख का कारण कोई दूसरा कैसे हो सकता है। सच यही है कि चाहे सुख हो या दुःख, इन दोनों के कारण हम खुद ही होते हैं और इन सुख और दुःखों के केन्द्र में होती है–हमारी अपनी प्रतिक्रिएँ, जो हम उन घटनाओं के प्रति व्यक्त करते हैं, जो हमारे साथ घटी हैं।

वस्तुतः सुख और दुःख अपने आप में कुछ भी नहीं है। यह एक प्रकार की मानसिक स्थिति है या इसे यूँ कह लें कि यह वह भाव है, जो किसी घटना की प्रतिक्रिया में हमारी चेतना या भावना में घटित होता है। यदि यह शुभ घटित हुआ, तो यह हमारे सुख का कारण बन जाता है। यदि यह तीक्ष्ण घटित हुआ, तो हमारे दुःख का कारण बन जाता है।

जो कुछ भी घटित होता है, यह सभी में कभी भी एक जैसा नहीं होता। हमारे अन्दर जो संस्कार हैं, जो स्मृतियाँ हैं और जो आकांक्षाएँ हैं, उनके अनुकूल ही हम किसी घटना के विरुद्ध प्रतिक्रिया व्यक्त करते हैं। यदि बाहरी घटना इन सबके अनुकूल है, तो प्रतिक्रिया अनुकूल हो जाती है और यदि प्रतिकूल है, तो प्रतिक्रिया प्रतिकूल हो जाती है। पहले से सुख मिलता है और दूसरे से दुःख। यह तो वह स्थिति है, जो सभी सामान्य लोगों के साथ

होती है।

लेकिन क्या हम उस स्थिति को प्राप्त कर सकते हैं, जबकि बाहर चाहे कुछ भी घटता रहे, हमारे अन्दर जो कुछ भी घटेगा, वह इन बाहरी घटनाओं से अप्रभावित रहेगा? क्या कोई ऐसा उपाय हो सकता है कि बाहर चाहे कुछ भी होता रहे, हमारे अन्दर कुछ भी न हो? यहाँ ध्यान देने की बात है कि "कुछ भी न हो।" कहने का अर्थ यह कतई नहीं है कि हम तटस्थ बने रहें। हम भावशून्य दिखाई दें। कहने का अर्थ केवल यह है कि समुद्र की सतह पर तरंगें तो उठती रहें, लेकिन समुद्र का तल बिल्कुल शान्त और अनान्दोलित हो। निश्चित रूप से यह एक कठिन स्थिति तो है, लेकिन असंभव नहीं।

मुझे लगता है कि यदि हम किसी भी बात या घटना के प्रति व्यक्त की जाने वाली अपनी प्रतिक्रियाओं की चीर-फाड़ करें, तो इस स्थिति पर शायद विश्वास न कर पाएँ कि सचमुच में हम कितने गलत थे और जैसे ही हमें अपनी गलतियों का एहसास होने लगेगा, वैसे ही किसी भी घटना के प्रति की जाने वाली हमारी प्रतिक्रिया हमारे अन्तर्मन की स्थिरता और समरसता का कारण बन जाएगी।

याद रखें कि घटनाओं के होने पर आपका न तो कोई नियंत्रण है और न ही अधिकार है, क्योंकि वे कई बातों के मिलने से होती हैं। जिस बात पर आपका नियंत्रण और अधिकार हो सकता है, वह है-आपकी प्रतिक्रिया। इसलिए हमें अपना सारा ध्यान, अपना अधिकांश ध्यान घटनाओं की चीरफाड़ करने में न लगाकर अपनी प्रतिक्रिया की जाँच-परख करने में लगाना चाहिए। इससे हमारे अन्दर एक प्रकार की परिपक्वता आने लगेगी। यह प्रौढ़ता धीरे-धीरे हमारे भावों पर हमारा नियंत्रण स्थापित करने में हमारी मदद करेगी। जितना अधिक नियंत्रण हमारा अपने भावों पर हो सकेगा, उतना ही अधिक नियंत्रण हमारी अपनी प्रतिक्रियाओं पर होगा, क्योंकि तात्कालिक प्रतिक्रिया में विचारों का योगदान कम रहता है और भावों का अधिक।

बाहर की घटनाएँ लगातार होती रहेंगी। ये इस बात की परवाह किए बिना होती रहेंगी कि उसे आप पसन्द करते हैं या नहीं और उसका आपके

ऊपर क्या प्रभाव पड़ता है, क्योंकि उनका काम ही है होना। इसलिए वे तो होती रहेंगी। उन्हें कोई रोक नहीं सकता। यहाँ तक कि यदि ये घटनाएँ चाहें भी कि वे न हों, तो भी वे ऐसा नहीं कर सकतीं, क्योंकि उनका चरित्र ही है घटित होना। इसलिए हमको किसी भी ऐसे क्षण या स्थिति की कल्पना करनी ही नहीं चाहिए, जो घटनारहित हो। हम केवल ऐसी ही स्थिति की कल्पना कर सकते हैं, जबकि घटना तो घटे, लेकिन हमारे अन्दर कुछ न घटे। यदि कुछ घटे भी तो वह उसी तरह सकारात्मक हो, जैसा कि सुबह राज्याभिषेक कराने वाले भगवान राम वनवास के आदेश के प्रति 'वन के राज' की प्रतिक्रिया व्यक्त करते हैं। वे अपनी माँ कौशल्या से जाकर यह नहीं कहते कि पिता ने 'वनवास' दिया है। बल्कि कहते हैं कि मुझे पिता ने 'वन का राज्य' दिया है और इसी सकारात्मक प्रतिक्रिया से सब कुछ बदल जाता है। सारी बातें, जो अभी तक आपको अपने प्रतिकूल दिखाई दे रही थीं, अनुकूल दिखाई देने लगती हैं।

मित्रो, यह सच जीवन का सच है और विश्वास कीजिए कि सबसे बड़ा सच है। तभी तो एक ही घटना किसी को खुश कर देती है, तो किसी को बहुत ही ज्यादा दुःखी। हमारे द्वारा व्यक्त की गई प्रतिक्रियाओं से ही यह निर्धारण होता है कि हम क्या हैं और जीवन में क्या पाना चाह रहे हैं ईश्वर इतना अधिक दयालु है कि वह हमें वैसा ही सब कुछ दे देता है, जो हम चाह रहे थे। हमारे पाने की यह इच्छा पूरी तरह हमारी अपनी प्रतिक्रिया पर निर्भर करती है।

अपनी प्रतिक्रियाओं को ठीक करें, आनंद को आप अपने द्वार पर खड़ा पाएँगे।

◆◆◆

गायक तलत महमूद जब अपने पहले गीत की रिकार्डिंग कराने आए, तो उन्होंने अपने आवाज की कम्पन को दबा दिया। इस पर संगीतकार अनिल विश्वास ने कहा कि 'तुम अपनी आवाज के उस खरखरेपन को वापस लाओ। वही तो तुम्हारी पहचान है।'

21 जानना है अपनी प्रतिक्रिया को

आप जो कुछ भी हैं, जैसे भी हैं,
वह सिर्फ अपने कारण से हैं।

यह जानते हुए भी कि मेरे इस सरल से प्रश्न का उत्तर कोई भी दे देगा, फिर भी मैं इसलिए पूछ रहा हूँ, क्योंकि आपके इस उत्तर पर ही यह विचार टिका हुआ है। यहाँ प्रश्न यह है कि ''यदि एक टंकी में दूध भरा हुआ है, तो टोंटी को खोलने पर टंकी से क्या निकलेगा?'' दूसरा यह है कि ''यदि एक डिब्बे में कचरा पड़ा हुआ है, तो उस डिब्बे को उलटने पर उसमें से क्या निकलेगा?'' अब तीसरा एवं अंतिम प्रश्न थोड़ा अलग, किन्तु उसी के करीब है कि ''यदि आपको किसी टंकी से पानी निकालना है, तो उस टंकी में आपको क्या भरना पड़ेगा?''

यहाँ इन प्रश्नों के उत्तर देने की जरूरत नहीं है, क्योंकि आप सबने अपने-अपने उत्तर सोच लिए हैं और वे सही हैं। तो आइए, अब हम इसी प्राकृतिक नियम को अपने जीवन और व्यवहार पर लागू करके देखते हैं।

आपको गुस्सा आया। आप तुरंत बता सकते हैं कि आपको गुस्सा इसलिए आया, क्योंकि राकेश ने अपमानजनक बात कह दी। आपके द्वारा बताया गया यह कारण सही है। किसी को देखकर आपके मन में उसके प्रति श्रद्धा, करुणा या प्रेम जैसे भाव जाग्रत हुए। आप बता सकते हैं कि ऐसा इसलिए हुआ, क्योंकि उसका व्यवहार अत्यंत सौम्य, सद्‌भावपूर्ण अथवा अच्छा था। आप यहाँ भी सही हैं। आप जहाँ-जहाँ अपने तात्कालिक व्यवहारों के लिए कारण बताएँगे, आप वहाँ-वहाँ सही ही होंगे, क्योंकि कोई भी कार्य

बिना किसी कारण के हो ही नहीं सकता। यह कम-से-कम अभी तक का तो अटल प्राकृतिक नियम है।

लेकिन ये कारण सही होने के बावजूद सही नहीं हैं। तात्कालिक एवं बाह्य कारण के रूप में तो ये सोलहों आने सही हैं, लेकिन मूल कारण के रूप में नहीं और मैं मानता हूँ कि मूल कारण को ही जानना हमारे लिए हमारी समस्याओं और सुधार के स्थायी उपाय हो सकते हैं।

तो आप अपने व्यवहार पर यदि ऊपर पूछे गए प्रश्नों के आधार पर सोचें, तो आपको अपनी तात्कालिक प्रतिक्रियाओं के मूल कारण समझ में आ जाएँगे। हमारे मुँह से (शब्दों के रूप में), चेहरे से, हाव-भाव और चेष्टाओं से जो कुछ निकलकर बाहर आता है, वह सब वही होता है, जो हमारे भीतर पहले से मौजूद रहता है, जमा रहता है। यदि टंकी में पानी है ही नहीं, तो टोंटी से पानी भला कैसे निकलेगा? आप गीली लकड़ियों के ढेर पर बैठे हैं। कोई मशाल भी दिखाए यदि उस ढेर को, तो कुछ नहीं होने वाला, लेकिन यदि आप बारूद की ढेर पर बैठे हैं, तो सब कुछ स्वाहा कर देने के लिए एक छोटी-सी चिंगारी पर्याप्त है। तो आप खुद सोचकर देखें कि आग लगने और आग न लगने के पीछे मुख्य कौन है, जिससे आग लगाई जा रही है वह या कि वह, जिसमें आग लगाई जा रही है ?

हम सबको यही लगता है कि हमारी प्रतिक्रियाएँ हमारे तात्कालिक विचारों एवं परिस्थितियों से पैदा होती हैं, लेकिन यह सही नहीं है। सच यह है कि हमारी प्रतिक्रियाएँ और यहाँ तक कि हमारे रोजमर्रा के व्यवहार भी हमारे अवचेतन और अचेतन मन की देन होते हैं। यही हमारा सच होता है। इससे हटकर हम जो कुछ भी कर पाते हैं, वह थोड़ी देर के लिए संभव होता है, लंबे समय के लिए नहीं। इस व्यवहार को आप कृत्रिम व्यवहार कह सकते हैं, लेकिन सवाल यह है कि यह बनावटी व्यवहार चलेगा कितने दिन। सच को तो मजबूर होकर सामने आना ही आना है।

शायद अब आप इस बात पर विचार करने के लिए प्रेरित होंगे कि हमारी प्रतिक्रिया के लिए मूलतः हम ही जिम्मेदार होते हैं, अन्य कोई नहीं। सच मानिए कि जिस दिन इस सत्य का भान हो जाता है, उसी दिन से

जिंदगी की गुणवत्ता बदलनी शुरू हो जाती है। आपके अन्दर दु:ख भरा हुआ है। दुनिया की कोई ताकत आपको सुखी नहीं बना सकती, यहाँ तक कि स्वयं सुख के देवता भी नहीं और यदि आपके अन्दर सुख भरा हुआ है, तो कोई भला आपको दु:खी करके तो दिखा दे।

यानी कि आप जो कुछ भी हैं, जैसे भी हैं, वह सिर्फ अपने कारण से हैं। यही है–आपका ब्रह्मत्व स्वरूप। चयन पूरी तरह आप पर निर्भर करता है कि आप चाहते क्या हैं ?

जाहिर है कि आप आनन्द ही चाहेंगे और यह आनन्द पहले से ही आपके अन्दर मौजूद है।

◆◆◆

उसने पहले के प्रहारों से अपना बचाव किया, लेकिन उसने जब देखा कि ब्रूटस; जिसे उसने पुत्रवत प्रेम किया था, उस पर प्रहार कर रहा है, तो उसका दिल टूट गया और मुँह तक लबादे में ढँका सीजर गिर पड़ा। ब्रूटस ने पास में खड़ी भीड़ को इसका कारण बताया। शेक्सपीयर ने ब्रूटस की भावना को यों व्यक्त किया है-

''चूँकि सीजर मुझसे प्यार करता था, मैं उसके लिए आँसू बहा रहा हूँ। वह सौभाग्यशाली था, मुझे इस बात से प्रसन्नता है। वह वीर था, मैं उसका सम्मान करता हूँ, परन्तु वह महत्वाकांक्षी था, इसलिए मैंने उसका कत्ल किया।''

22 'पर' में नहीं 'स्व' में स्थित हों

हम जो भी हैं, प्रकृति ने हमें जिस रूप में रचा है, गढ़ा है, उसे ही हमें परिष्कृत करना है, न कि उसे परिवर्तित करना है।

प्रकृति का एक अर्थ यह भी होता है- जो है, जैसा है। कहीं कोई बनावट नहीं, कोई लाग-लपेट नहीं। जैसा है, वैसा ही, लेकिन क्या आज हम वही रह गए हैं, जैसे हम थे? क्या हम वही हैं, जो हम वास्तव में हैं? वैज्ञानिक डार्विन ने अपने विकासवाद के सिद्धांत में यह बताया है कि "जीवन सरलता से निरन्तर जटिलता की ओर बढ़ता गया है।" यह तो थी प्राकृतिक जटिलता। यदि हम व्यावहारिक रूप में देखें, तो प्रकृति की जटिलता कोई जटिलता होती ही नहीं। अपनी जटिलता में भी वह बहुत ही सरल होती है, क्योंकि वह जैसी भी है, वह अपनी स्वाभाविक स्थिति में है। स्वाभाविक वस्तु अपने मूल स्वरूप में कभी भी जटिल नहीं होती।

मनुष्य प्रकृति की सबसे जटिल रचना है, इसे हम मानते हैं। हमारा यह शरीर रहस्यों का ऐसा अद्‌भुत पिटारा है कि न जाने कब इसके सारे रहस्य खुल पाएँगे। खुल पाएँगे भी या नहीं। इसके बावजूद, इतनी जटिलताओं के होते हुए भी मनुष्य बहुत सरल है, बशर्ते कि वह अपनी स्वाभाविक स्थिति में हो। वह अपने भाव में रहे। 'स्व' के भाव में जीना ही है अपने स्वभाव में रहना। जब तक हम अपने ही भाव में जिएँगे, तब तक हम किसी भी प्रकार की जटिलता और कृत्रिमता के शिकार नहीं हो सकते, लेकिन जैसे ही हम अपने अन्दर दूसरों के भावों को आने की अनुमति दे देते हैं, हमारा 'हम' गायब हो जाता है और 'वे' प्रमुख हो जाते हैं।

आज हमारे साथ हो यह रहा है कि हम 'अपना' जीवन न जीकर 'उन लोगों' का जीवन जी रहे हैं। यह बात अलग है कि हम ऐसा स्वेच्छा से कर रहे हैं, या अनिच्छा से या कि किसी अभिशाप के वशीभूत होकर, लेकिन हो यही रहा है कि 'स्वभाव' का गला 'परभाव' के मजबूत पंजे ने जमकर पकड़ रखा है। उसके अन्दर एक शिक्षक बैठा हुआ है, लेकिन वह नायब तहसीलदार बनना चाहता है। उसके अन्दर का बच्चा खेलना चाहता है, लेकिन खेलना मना है। उसके अन्दर का जीवित आदमी दहाड़ मार-मारकर रोना चाहता है, लेकिन रोना कमजोरी की निशानी मानी जाएगी। आप जो कुछ भी स्वभाव के अनुकूल करना चाहेंगे, वही करना मना है, तथा 'प्रवेश निषेध है' की तख्ती टँगी हुई है। यानी कि हमें निषेध की एक ऐसी संस्कृति में झोंक दिया गया है, जहाँ इस बात की हिदायतें नहीं हैं कि 'यह करो'। इस बात के आदेश हैं कि 'यह न करो'।

निषेध की ऐसी संस्कृति में पल रहे हम लोग, दूसरों के भावों को जी रहे हम लोग तलाश कर रहे हैं आनंद की, ढूँढ़ रहे हैं जीवन के सार को, स्वयं को। क्या यह हास्यास्पद नहीं है कि पानी को बिलोकर घी की तमन्ना की जाए? यदि जीवन का सार जानना है, तो पहले हमारे पास अपना जीवन तो हो। जीवन तो है दूसरे का और उसमें हम सार ढूँढ़ रहे हैं अपना। क्या हम इसमें कभी सफल हो सकते हैं ? कभी नहीं। इस तरह तो कभी भी नहीं।

तो क्या करें हम इसके लिए। इसके लिए हमें करना यह होगा कि हमें 'स्व' में स्थित होना होगा। हम जो कुछ भी हैं, प्रकृति ने हमें जिस रूप में रचा है, गढ़ा है, उसे ही हमें परिष्कृत करना होगा, न कि उसे परिवर्तित करना है। प्रकृति डुप्लीकेट की हिमायती नहीं है। उसकी क्षमता इतनी असीम है कि वह नित नया ही गढ़ती है। अत: हमें अपने अंदर अपने इस नएपन के प्रति जबरदस्त निष्ठा और विश्वास पैदा करना होगा। दूसरों से आकर्षित होकर, उसके सम्मोहन में पड़कर उसके जैसा बनने की इच्छा और कोशिश को रोकना होगा। उसे समाप्त करना होगा।

इस तरह जब हम 'स्व' में स्थित हो जाएँगे, तभी एक सम्पूर्ण स्वस्थ जीवन की स्थिति आएगी। यहाँ स्वस्थता का संबंध इस बात से है कि

व्यक्ति का संपूर्ण तंत्र जागृत होकर, सक्रिय होकर उसकी मदद कर रहा है। चाहे वह शरीर हो, या मन, चाहे वह चेतना हो या आत्मा, सभी एकजुट होकर एक ही दिशा की यात्रा कर रहे हैं। उनमें न कहीं कोई खींचतान है और न ही कहीं कोई किसी के लिए बाधा बना हुआ है। बल्कि वे एक दूसरे का सहयोग ही कर रहे हैं और यदि कहीं कोई बाधा है भी, तो वह इसलिए है, क्योंकि ऐसा होना उस यात्रा के लिए जरूरी है।

यह किसी भी व्यक्ति की ऐसी विलक्षण स्थिति होती है, जब आप प्रकृति से पूर्णरूपेण एकाकार होकर एक आनंदमय जीवन जीते हैं। यह एक प्रकार से हर समय योग की मस्ती में जीने का वक्त होता है।

और जो योग की मस्ती में होगा, वही आनंदपूर्ण भी होगा।

◆◆◆

डेविड ने फिलिस्तीनी चैम्पियन गोलियथ से जाकर लड़ने का प्रस्ताव साउल के सामने रखा। उसका साहस बढ़ाने के लिए साउल ने उसे अपने शस्त्र और अपना जिरह-बख्तर भी पेश किया। इन शस्त्रों और जिरह-बख्तर की परीक्षा अपने हाथ में और शरीर पर करने के बाद डेविड ने उन्हें लौटा दिया और कहा कि वह उनके द्वारा शत्रु से ठीक से लड़ नहीं पाएगा। इसलिए उसने शत्रु का सामना अपनी कटार और अपनी गुलेल से ही करने का फैसला किया।

बाइबिल : ओल्ड टेस्टामेन्ट

23 जानें स्व के भाव को

जब हम अपने ही भाव में स्थित रहते हैं, तभी अपने सर्वोत्तम को प्राप्त करने के लायक बनते हैं।

जब हम किसी भी बड़े और सफल व्यक्ति से मिलते हैं, तो मिलने से पहले हमारे दिमाग में उसकी एक अलग तरह की छवि बनी हुई होती है। यह छवि इस तरह की होती है, जो उसे सामान्य व्यक्ति के व्यवहार से अलगाती है। हम यही मानकर चलते हैं कि चूँकि वह व्यक्ति विशिष्ट है, इसलिए उसका व्यवहार, उसके हाव-भाव यानी कि उसकी हर चीज विशिष्ट होगी। बहुत मायनों में ऐसा होता भी है, लेकिन कुछ मायनों में ऐसा नहीं भी होता और जहाँ ऐसा नहीं होता, वहाँ हम उसे देखकर चौंक भी जाते हैं। हम उसकी सहजता और उसकी सरलता को देखकर आसानी से विश्वास ही नहीं कर पाते कि वह सचमुच में कोई विशिष्ट व्यक्ति है, कोई असाधारण व्यक्तित्त्व है, लेकिन क्या हमारा यह सोचना सही है?

निश्चित रूप से नहीं, लेकिन हमारे समाज ने हमारी मानसिकता को विशिष्ट व्यक्तित्त्वों के संदर्भ में जिस तरह के ढाँचे में ढाल दिया है, उसको देखते हुए यही लगता है कि हमारा यह सोचना सही ही है।

हम असाधारण व्यक्तियों की साधारण गतिविधियाँ देखकर इस चक्कर में पड़ जाते हैं कि यह इतना सहज और सरल है कैसे? सच पूछिए तो यह हमारा अपना संकट है, उनका संकट नहीं। उन्हें तो यह भी पता नहीं रहता कि ऐसा कुछ संकट है भी, या हो भी सकता है, क्योंकि जो चीज सरल

और सहज होती है, उसके साथ कभी कोई संकट नहीं होता। संकट तो कृत्रिमता के साथ होता है, आडम्बर के साथ होता है।

आखिर वह महान व्यक्ति इतना सरल और सहज है कैसे, यह बात मेरे दिमाग में तब आई थी, जब मुझे दक्षिण अफ्रीका के महान स्वतंत्रता सेनानी, वहाँ के प्रथम राष्ट्रपति तथा दक्षिण अफ्रीका के गांधी कहे जाने वाले नेता नेल्सन मण्डेला से मिलने का अवसर मिला। उन्हें देखकर यह विश्वास करना आसान नहीं था कि मैं उन्हें ही देख रहा हूँ। सहज से भी अधिक सहज वेशभूषा और सरल से भी अधिक सरल व्यवहार। उनकी इस सहजता ने सच मानिए कि मुझे असहज बना दिया था। मैं उनकी सहजता के बारे में बहुत सोचता रहा। सोचने के बाद मुझे यही उत्तर मिला कि कहीं ऐसा तो नहीं कि वे इसलिए बहुत असाधारण हैं, क्योंकि वे बहुत अधिक साधारण हैं। आखिर साधारणता की भी तो अपनी असाधारणता होती है।

अन्त में मैं यही निष्कर्ष निकाल पाया कि मुख्य बात यह है कि वे अपने स्वभाव के अनुकूल हैं। स्वभाव का अर्थ ही है, स्वयं का भाव अर्थात् अपना भाव। जिसका जो भाव है, यदि वह उसी भाव में जीता रहे, तो फिर भला उसे क्या दिक्कत हो सकती है। हम सभी का अपना-अपना कोई-न-कोई भाव है और वही हमारा स्वभाव है, लेकिन हमसे गड़बड़ी यह होती है कि हम अपने-अपने भावों में न जीकर दूसरों के भावों में जीने लगते हैं। कोई अफसरी के भाव में जी रहा है, तो कोई धन के भाव में, कोई पति के भाव में जी रहा है, तो कोई सुन्दरी के भाव में। अपने भाव में कोई है ही नहीं और जो अपने भाव में होता है, वह नेल्सन मण्डेला बन जाता है।

ऐसा नहीं है कि नेल्सन मण्डेला ने उन्हें स्वयं के भाव में जीने के लिए प्रेरित किया। बल्कि सच तो यह है कि वे स्वयं के भाव में जीते रहे, इसलिए नेल्सन मण्डेला बने। आप स्वयं के भाव में जीने लगिए, आप देखेंगे कि जिन्दगी किस तरह से रूई की तरह हल्की हो गई है। कारण साफ है। कारण यह है कि अपने ही भाव में जीने के लिए आपको कोई अतिरिक्त प्रयास नहीं करना पड़ता। प्रयास तो तब करना पड़ता है, जब कौआ हंस की चाल चलने की कोशिश करने लगे। कौवे को अपनी चाल चलने में भला क्या दिक्कत

हो सकती है। ठीक इसी प्रकार अपने ही भाव को जीने में भला क्या परेशानी हो सकती है और हमें यह भी नहीं भूलना चाहिए कि जब हम अपने ही भाव में स्थित रहते हैं, तभी अपने सर्वोत्तम को प्राप्त करने के लायक बनते हैं। जब हम अपने सर्वोत्तम को प्राप्त कर लेते हैं, तभी हमारे अन्दर से आनन्द का झरना झरने लगता है और हम नेल्सन मंडेला बन जाते हैं।

मैं जानता हूँ कि ऐसा कर पाना कोई आसान काम नहीं है। हम सभी की चेतना में व्यवहार और शिष्टाचार के कुछ निश्चित पैमाने स्थापित हो चुके हैं। हमारी ज्यादातर कोशिशें इसी बात के लिए होती हैं कि कैसे हम खुद को इस पैमाने पर ठीक-ठाक खरा उतार सकें। कभी गलती से ही सही; यदि हम अपने स्वभाव के अनुकूल चलने भी लगते हैं, तो लोगों की भौहें तनने में वक्त नहीं लगता। तत्काल ही हमें भीगी बिल्ली बना देने के लिए ये तनी हुई भौहें पर्याप्त होती हैं। नतीजा फिर वही ढाक के तीन पात वाला हो जाता है।

एक संकट यह भी है कि बहुत से लोग तो ताउम्र यह समझ ही नहीं पाते कि आखिर उनका मूल भाव ही क्या है? ऐसे लोग हमेशा थाली के बैंगन की तरह कभी इधर तो कभी उधर लुढ़कते रहते हैं। एक अस्थिर और द्वन्द्व से भरी जिन्दगी जीना इन लोगों की नियति बन जाती है।

लेकिन यदि जिन्दगी को बहुत आनन्द के साथ जीना है और अपनी क्षमता के सर्वोत्तम को हासिल करना है, तो ऐसा केवल स्वयं के भाव को जानकर और उसमें स्थित रहकर ही प्राप्त किया जा सकता है।

तो आइए हम सब अपने-अपने भाव को जानें, समझें और उसी में स्वयं को स्थित करके आनन्द के सागर में गोते लगाएँ।

♦♦♦

"जब मेरे दाँत निकल रहे थे, तो मेरी माँ दाँतों में तार डालना भूल गई थीं। दाँत टेढ़े थे और टेढ़े ही रह गए। टेढ़ेपन की यह ग्रंथि मेरे मन में बैठ गई। एक तार से सब कुछ ठीक-ठाक हो सकता था, लेकिन तार नहीं डालने के कारण एक बदले हुए परिवेश को जीवन भर झेलता रहा। याद आने पर उससे चिंतन भी बदल जाता था।"

महान लेखक सामर सेट मॉम

24 स्वयं को बदलने से जग बदलेगा

हम दुनिया को बदल नहीं सकते। हम खुद को बदल लें,
दुनिया हमारे लिए बदल जाएगी।

हम दूसरों को बदलना चाहते हैं। यहाँ तक कि हम दुनिया को बदलना चाहते हैं। क्यों ? इसलिए ताकि हम बदली हुई इस दुनिया में अपने हिसाब से रह सकें। सुख और शांति के साथ रह सकें।

ऐसा हम ही नहीं चाहते, बल्कि दूसरा व्यक्ति भी चाहता है। तीसरा व्यक्ति भी चाहता है। हर कोई यही चाहता है और हर कोई अपने-अपने तरीके से चाहता है। यानी कि जितने लोग इस दुनिया में हैं, उतने ही तरीके की दुनिया बनाना और बसाना चाहते हैं ये सारे लोग। तो क्या व्यावहारिक रूप में यह संभव है ? यह कभी संभव नहीं है। मैं समझता हूँ कि इतनी सामान्य-सी बात तो हर कोई समझता ही होगा।

चूँकि इस दुनिया को हर कोई अपने-अपने हिसाब से बदलना चाहता है, या कि यह चाहता है कि दुनिया उसके हिसाब से अपने-आप बदल जाए, तो ऐसी अपेक्षाओं वाली दुनिया में अगर झगड़े नहीं होंगे, द्वंद्व नहीं होगा, टंटे नहीं होंगे तो फिर क्या होगा। मुझको शिकायत है कि "वह ऐसा नहीं कर रहा है।" आपको मुझसे यह शिकायत है कि "मैं वैसा नहीं कर रहा हूँ।" सदियों से दुनिया ऐसी ही शिकायतों के पहियों पर लद-फदकर यहाँ तक पहुँची है और आगे भी चलती चली जाएगी।

इसी तरह की अपेक्षाओं और कोलाहलपूर्ण वातावरण में कभी-कभी ऐसे इक्के-दुक्के नेतृत्त्वकर्ता होते हैं, जो समाज को अपने सिद्धान्तों के अनुसार

बदलने की कोशिश करते हैं। वे भीड़ के एक छोटे-से हिस्से को ऐसा करने में सफल भी हो जाते हैं। इन्हें चाहे हम भगवान कह लें, या गुरू, लेकिन होते हैं ये बदलने वाले ही, लेकिन जैसे ही कुछ वक्त बीतता है, सब का सब पहले जैसा ही हो जाता है, ठीक उस रबड़ की तरह जिसे आप जब खींचते हैं, तब वह लम्बा हो जाता है और जैसे ही छोड़ देते हैं, वह फिर से पहले जैसा हो जाता है। यानी कि एक समय विशेष में कुछ समय तक कुछ-कुछ बदलने के बावजूद कुछ समय बाद सब कुछ पहले जैसा ही हो जाता है।

आखिर हम क्यों किसी दूसरे को बदलना चाहते हैं? मुझे लगता है कि हम दूसरे को दूसरे के लिए नहीं बदलना चाहते, बल्कि कहीं-न-कहीं अपने लिए ही बदलना चाहते हैं, क्योंकि हमारे हिसाब से बदला हुआ यह व्यक्ति हमारे लिए अपेक्षाकृत ज्यादा सुविधाजनक हो जाता है। ऐसा समाज मेरे लिए अधिक उपयोगी होगा। मेरे दुःख कम हो जाएँगे। वहाँ उस तरह के द्वंद्व नहीं होंगे, जिनसे मैं दुःखी होता हूँ। द्वंद्व तो होंगे, लेकिन वे ऐसे होंगे, जिनका दुष्प्रभाव मेरे ऊपर नहीं पड़ेगा।

लेकिन क्या सचमुच में ऐसा हो सकता है? ऐसा कभी नहीं हो सकता। यदि कुछ होता भी है, तो वह बहुत ऊपरी और अस्थायी तौर पर होता है और फिर से वही पुराना सिलसिला-द्वंद्व, झगड़े, शिकायत और उपेक्षाएँ शुरू हो जाती हैं।

तो सवाल यह है कि ऐसी स्थिति में हम करें क्या? यह तो निश्चित है कि आज जो कुछ भी जैसा है, उसमें सुख संभव नहीं है। यदि इसे संभव बनाना है, तो इसे बदलना ही पड़ेगा। बदलने के तरीकों के बारे में तो विवाद हो सकते हैं, लेकिन कम-से-कम इस बारे में तो कोई भी विवाद नहीं है कि इसको बदलना जरूरी है। तो अब किया क्या जाए?

मुझे लगता है कि कुछ भी नहीं किया जा सकता, लेकिन करना जरूरी है। ऐसी स्थिति में केवल एक ही रास्ता दिखाई देता है कि "हम दुनिया को नहीं बदल सकते। हम खुद को बदल लें, दुनिया हमारे लिए बदल जाएगी। इसके साथ ही सब कुछ बदल जाएगा।"

लेकिन क्या हम अपने आपको बदलने के लिए तैयार हैं? कभी नहीं।

हम अपने को बदलना ही नहीं चाहते और चाहते हैं कि हमारे लिए सारी दुनिया बदल जाए। ऐसा कभी नहीं हो सकता। यदि हम अपने आपको ही नहीं बदल सकते, तो दूसरे को क्या पड़ी है कि वह हमारे हिसाब से अपने आपको बदले। तो क्या आपको नहीं लगता कि यह दुःख ही हमारे जीवन का सत्य तब तक बना रहेगा, जब तक कि हम अपने-आपको बदल नहीं लेते।

खुद को बदलना मुश्किल जरूर है, लेकिन असंभव नहीं। गहरे और निरन्तर आत्मावलोकन से ऐसा हो सकता है। ऐसा हुआ भी है। जब हम अपने व्यवहार और विचारों की समीक्षा तटस्थ होकर पूरी निर्ममता के साथ करने लगते हैं, तब हमें उसके अनेक काले धब्बे, छिद्र और विरोधाभास दिखाई देने लगते हैं। पहली बार हमें लगता है कि हम जिन्हें सही समझ रहे थे, वे वास्तव में कितने गलत थे।

लेकिन बदलाव पहली बार में ही नहीं आने लगेगा। आखिर इतने सालों से गलत को सही समझते रहने की जो आदत पड़ी हुई है, वह भला इतनी जल्दी थोड़े न टूटेगी। इसलिए मैंने निरन्तरता की बात कही है। आत्मावलोकन की इस प्रक्रिया को लगातार, रोज-रोज और यहाँ तक कि जीवन की अंतिम साँस तक जारी रखना होगा। यदि आप उसे बीच में छोड़ देंगे, तो फिर आपका व्यवहार अपने उसी पुराने साँचे में जाने लगेगा। वैसे आप खुद पाएँगे कि कुछ समय बाद आत्मावलोकन करना आपकी सहज वृत्ति ही बन जाएगी। अब आपको इसके लिए अलग से कोई कोशिश नहीं करनी पड़ रही है।

मुझे तो यही रास्ता सच्चे बदलाव का रास्ता जान पड़ता है और हाँ, एक ऐसा रास्ता भी, जो हमको आनन्द की ओर ले जाता है।

♦♦♦

वाल्ट डिजनी की मृत्यु के कुछ दिनों बाद अमेरिका के फ्लोरिडा में बहुप्रतीक्षित थीम पार्क का शुभारम्भ हो रहा था। समारोह में किसी ने बाहर डिजनी के भाई रॉय डिजनी से कहा-''अफसोस, यह देखने के लिये तुम्हारे भाई जीवित नहीं हैं।'' रॉय ने जवाब दिया-''ओह! उन्होंने ही तो यह देखा था, और तभी तो यह थीम पार्क यहाँ है।''

25 हम ही हैं जिम्मेदार

हमको कोई कुछ नहीं देता। पहले हम देते हैं।
उसी की वापसी में हमें मिलता है।

अकेले का जीवन जीवन नहीं होता, वह तो एक व्यक्तिमात्र होता है। जीवन तो तभी अस्तित्व में आता है, जब वह एक से अधिक हो। जब तक व्यक्ति, व्यक्ति रहता है, तब तक उसको किसी तरह के सरोकार की ज़रूरत नहीं पड़ती, लेकिन जैसे ही वह जीवन में तब्दील होता है, वैसे ही सरोकारों से उसकी ज़रूरत आन पड़ती है और ऐसे समय में हमारा यह जीवन एक प्रतिध्वनि बन जाता है।

हम जीवन में ठीक वही पाते हैं, जैसा कि हम दूसरों को देते हैं। देना हमें भाता नहीं, लेकिन लेना सुहाता है। बिना कुछ दिए कुछ पा लेने की यह लालसा हमारे जीवन की एक बहुत बड़ी विडम्बना है। हम अपने सुख के लिए खुद को जिम्मेदार मानते हैं, जबकि दुःख के लिए दूसरों को। अक्सर यही होता है। जबकि कड़वी सच्चाई यह है कि चाहे वह सुख हो या दुःख; दोनों के लिए स्वयं हम ही जिम्मेदार होते हैं, केवल हम ही।

यह प्रकृति का ही नियम है कि जो जैसा बोएगा, वह वैसा ही काटेगा। आप पहाड़ की ऊँची चोटी पर खड़े हो जाएँ। ऊँची आवाज़ लगाएँ। आप जैसी आवाज लगाएँगे, क्षण भर के अन्तराल के बाद आपको पूरी घाटी में वही आवाज़ सुनाई देगी। आप हँसिये, तो पूरी घाटी हँसने लगेगी। आप रोएँगे, तो घाटी रोने लगेगी। आपके मुँह से जो भी ध्वनि निकलेगी, पूरी की पूरी घाटी उसी ध्वनि की प्रतिध्वनियों से गूँज उठेगी। क्या इससे यह सिद्ध

नहीं होता कि ***हम जो कुछ भी, जितना भी और जैसा भी देते हैं, ठीक वही, उतना ही हमारे पास लौटकर आता है। जब हम सुख बाँटते हैं, तो हमारे पास सुख लौटकर आता है। जब हम दुःख बाँटते हैं, तो भला सुख लौटकर कैसे आ सकता है?***

हमें जीवन के इस सरलतम किन्तु अनजाने रहस्य को समझना ही पड़ेगा कि हमको कोई कुछ नहीं देता। पहले हम देते हैं। उसी की वापसी में हमें मिलता है। हम जो कुछ भी हैं, जैसे भी हैं, सब अपने ही कारण हैं। इसके लिए दूसरों को जिम्मेदार ठहराकर अपराधबोध से मुक्त हो जाना एक आसान तरीका तो हो सकता है, लेकिन यह हमारी समस्या का हल नहीं हो सकता। अंततः, चाहे वह सुख हो या दुःख, भोगते हम ही हैं। दूसरों का इससे वहीं तक लेना-देना होता है, जहाँ तक हमारे इस सुख-दुःख का प्रभाव उनके ऊपर पड़ता है। इससे तनिक भी आगे नहीं, लेकिन हमारा जो अपना जीवन है, वह तो इसी सुख और दुःख के दो पाटों के बीच बहता रहता है। हम पूरी तरह इसी से बने हुए हैं। सच तो यह है कि हम ही हैं, जो इसे पूरी तरह जी रहे होते हैं। ऐसी स्थिति में हमें इस बात को बहुत अच्छी तरह समझना होगा कि हमारे इस सुख और दुःख के लिए जिम्मेदार कोई दूसरा नहीं बल्कि हम स्वयं हैं।

मुझे लगता है कि इस बात का ज्ञान हो जाना एक प्रकार से बुद्धत्त्व की प्राप्ति जैसा ही है कि "अपनी हर स्थिति के लिए हम खुद ही जिम्मेदार होते हैं।" ज्ञान के इस स्रोत से धीरे-धीरे विचारों की ऐसी चमकदार और सुदृढ़ किरणें फूटने लगती हैं कि आपको स्वयं आश्चर्य होगा कि "अब तक मैं कहाँ था।" आपके विचार बहुत ही व्यावहारिक होने लगेंगे। यहीं से आप में बदलाव की उस प्रक्रिया की शुरुआत हो जाएगी, जो अंततः आपके जीवन की सफलता और आनंद का कारण बनेगी। बिना 'रियलाइजेशन' के बदलाव संभव नहीं है। तब तो केवल दुहराव ही होते रहते हैं। इसलिए गलत नतीजे भी खुद को दुहराते रहते हैं, लेकिन जैसे ही हम अपनी समस्त घटनाओं के कारण के केन्द्र में स्वयं को स्थापित कर देते हैं, वैसे ही सब कुछ बदल जाता है-अन्दर भी और बाहर भी। यदि अन्दर से बदल गया, तो

फिर बाहर को तो बदलना ही बदलना है। 'रियलाइजेशन' अन्दर को बदलने का एक प्रस्थान बिन्दु है।

साथ ही ऐसा करके हम अपने अन्दर पैदा होने वाले उन जहरीले पदार्थों को भी पैदा होने से रोक देते हैं, जिनका विष फैलकर हमारे मन, मस्तिष्क, आत्मा और शरीर को विषाक्त करते हैं। जब आप अपने किसी भी दुःख के लिए अपने को ही जिम्मेदार मानेंगे, तो जाहिर है कि आप दूसरे को दोषी नहीं ठहरा रहे हैं। बस, यही तो है साधना की वह स्थिति, जिसमें आप स्वयं को स्थित करके एक शांत जीवन की भूमिका में चले जाते हैं।

किन्तु ध्यान रहे कि दूसरे को दोषी ठहराना आसान है, किन्तु खुद को दोषी मानना बहुत कठिन। अभी तक एक भी ऐसे व्यक्ति से मेरी भेंट नहीं हो सकी है, जो दुःखी तो है और वह अपने इस दुःख के लिए दूसरे को दोषी न मानकर खुद को दोषी मान रहा हो। आसान काम नहीं है खुद की ओर ऊँगली उठाना, लेकिन जिनके पास जिन्दगी की गहरी समझ है और जो जिन्दगी को एक तटस्थ दर्शक की तरह देखते हैं, उनके लिए यही काम बेहद आसान हो जाता है। निःसन्देह इसके लिए साहस तो चाहिए ही और यह साहस तब आता है, जब हममें अपने अवचेतन की समझ होगी, क्योंकि हमारी सच्ची तस्वीर अवचेतन में ही दुबककर बैठी रहती है। अन्यथा चेतना स्तर पर तो हमें अपने दुःखों के अनेक कारण दूसरों में ही मौजूद दिखाई पड़ते रहते हैं।

'मैं ही हूँ जिम्मेदार' इस भाव के आते ही आनन्द आने लगेगा।

◆◆◆

प्रभु यीशु को भी असफलताओं का सामना करना पड़ा था। इन असफलताओं का कारण उनमें नहीं, उनके आसपास के लोगों में था। उदाहरण के लिए जब वे अपने गृहनगर नजारेथ गए, तो उन लोगों ने भी उनकी नहीं सुनी, जो उन्हें बचपन से जानते थे। वे वहाँ कोई चमत्कार नहीं दिखा सके, सिवाय इसके कि कुछ बीमार लोगों को छूकर ठीक कर दिया। सर्वश्रेष्ठ प्रयासों के बावजूद वे जूडास को नायक बनाने में असफल रहे थे।

26 विरोधों का सामंजस्य है यह जीवन

जिनके दरवाजे हमेशा खुले रहते हैं,
वहाँ चोरी का सबसे कम डर रहता है।

जो भी वस्तु सजीव है, उसका संचालन विपरीत शक्तियों के संतुलन से होता है। प्रकृति में यदि शून्य है, तो भरा-पूरापन भी है। यदि ऊँचे पहाड़ हैं, तो नीची घाटियाँ भी हैं। पानी से लबालब भरे विशाल सागर हैं, तो बूँद-बूँद को तरसते रेतों के बड़े-बड़े मरूस्थल भी हैं। यहाँ यह सोचना ही गलत है कि यदि घाटियाँ नहीं होतीं तो कितना अच्छा होता। यह सोचते समय हम यह भूल जाते हैं कि यदि यह घाटी नहीं होती, तो वह पहाड़ भी नहीं होता, जिसके बारे में हम सोच रहे हैं कि पहाड़ ही पहाड़ हों।

ठीक इसी तरह हमारे जीवन के विकास का क्रम भी इन दो विपरीत स्थितियों के समन्वय में ही निहित है। यदि हम साहित्यिक तरीके से सोचें, तो कह सकते हैं कि शृंगार का जो स्थायी भाव है, वह केवल प्रेम ही नहीं है, बल्कि विरह भी है। मिलन इसलिए महत्वपूर्ण है, क्योंकि उसमें विरह का दर्द छिपा हुआ है। जो व्यक्ति मिलन के सुखद रस में रच-बस रहा है, वह जानता है कि यदि यह रस-भंग हो जाए, तो विरह की पीड़ा कितनी गहरी होगी। इस प्रकार जो व्यक्ति बिना विरह के ही विरह की पीड़ा की जितनी गहरी अनुभूति करने की क्षमता रखेगा, प्रेम का आनन्द भी वह उतनी ही अधिक गहराई के साथ ले सकेगा।

न तो हलवाई मिठाई का आनन्द लेता है और न ही बस का कंडक्टर यात्राओं का। इसके लिए दूसरे पक्ष का होना निहायत ही जरूरी है। हमारे

चिन्तकों ने मनुष्य के अन्दर जिन नौ स्थायी भावों की खोज की है, हम देखते हैं कि उन सभी स्थायी भावों की दिशा एक जैसी नहीं है। इन स्थायी भावों में यदि करुणा है, तो क्रोध भी है। यदि शान्त है, तो रौद्र भी है। यदि श्रृंगार है, तो वीभत्स भी है। यदि हास्य है, तो वीर भी है। विपरीत भावों के जुड़ने से ही सम्पूर्णता का निर्माण होता है।

लेकिन क्या हम विपरीत ध्रुवों के जुड़ने की इस अनिवार्यता को अपने जीवन की सम्पूर्णता के संदर्भ में लागू कर पाते हैं? ऐसा नहीं हो पाता और मैं समझता हूँ कि ऐसा न हो पाना हमारे जीवन की उन्नति की राह का एक बड़ा रोड़ा बन जाता है। हम मीठे के साथ नमकीन पसंद करते हैं। ठण्ड का मौसम अच्छा लगता है, लेकिन ऊनी कपड़ों के साथ। तो फिर हम अपने जीवन को पूरी तरह दु:खों से वंचित क्यों रखना चाहते हैं? फिर यह भी तो है कि हमारे चाहने न चाहने से होता भी क्या है? हम चाहें या न चाहें, वे अपने-अपने समय के अनुसार आएँगे ही।

हमारा संकट तब होता है, जब हम उनके आने को बिन बुलाए मेहमान की तरह समझ लेते हैं। यह ठीक है कि हम दु:खों के लिए आमंत्रण नहीं देते, इसलिए वे कभी आमंत्रित अतिथि नहीं हो सकते, लेकिन हम इतना तो कर ही सकते हैं कि अपना दरवाजा हमेशा खुला रखें, ताकि कोई भी अनजान यदि थोड़ी देर के लिए आना चाहता है, तो उसे हमारे बंद दरवाजे को खट-खटाकर अन्दर आने की अनुमति माँगने की जरूरत न पड़े। क्यों हम इस सच्चाई को अस्वीकार करते हैं कि जिनके दरवाजे हमेशा खुले रहते हैं, वहाँ चोरी का सबसे कम डर रहता है। बड़ा और मजबूत दरवाजा और उसके ऊपर लटकता हुआ खूब बड़ा मजबूत ताला मुझे सुरक्षा के साधन से अधिक उस दरवाजे के अन्दर रहने वाले आदमी के भय का प्रतीक मालूम पड़ता है। जितना बड़ा भय होगा, उतना बड़ा दु:ख होगा और जितना बड़ा दु:ख होगा, उतना ही छोटा होगा आनन्द।

शायद आप मेरी इस बात पर आसानी से यकीन नहीं करेंगे कि जो हमारी सबसे बड़ी शक्ति होती है, ठीक वही कहीं-न-कहीं हमारी सबसे बड़ी कमजोरी भी बन जाती है। किसी के पास धन है, वह उसकी सबसे बड़ी शक्ति है,

लेकिन धन कमाने की लालसा और उसकी सुरक्षा की चिन्ता ही क्या सबसे बड़ी कमजोरी नहीं बन जाती। जिसे अपने पुत्र से प्रेम नहीं होता, उसके पुत्र का अपहरण करके अपहरणकर्ता क्या हासिल करेगा? लेकिन जिस पिता के लिए उसका पुत्र उसकी सबसे बड़ी शक्ति होती है, उसके अस्वस्थ होने तक की आशंका उसे अन्दर से बेहद कमजोर बना देती है। ऐसे पुत्र का अपहरण होने के बाद पिता अन्दर से बिल्कुल बेजान हो जाएगा।

हम प्रतिदिन, प्रतिपल इन विपरीत शक्तियों के समन्वय के आधार पर ही जीवन जी रहे हैं। यदि हम साँस लेते हैं, तो छोड़ते भी हैं। यदि पलकें बन्द होती हैं, तो खुलती भी हैं। चलते समय यदि हमारा हाथ सामने की तरफ जाता है, तो पीछे की तरफ लौटता भी है। एक तरफा कुछ भी नहीं होता।

यदि सच में ऐसा ही है, तो फिर भाव और विचारों के स्तर पर, जीवन में उपलब्धियों के स्तर पर, यश-अपयश और लाभ-हानि के स्तर पर हम क्यों यह उम्मीद करते हैं कि सब कुछ अच्छा-ही-अच्छा होगा। जिस दिन हम यह उम्मीद करना छोड़ देंगे, उसी दिन, उसी क्षण हमारी चेतना में विचारों की एक नई यात्रा की शुरुआत हो जाएगी। कुछ ही दिनों के बाद आप पाएँगे कि आप कितने अच्छे मनोरम स्थल पर पहुँच गए हैं।

यह सारा खेल केवल विचारों का खेल है। जब तक हम इस खेल को समझकर नहीं खेलेंगे, तब तक हमेशा पराजित होते रहेंगे। हाँ, याद रखें कि आप इस खेल से बच नहीं सकते। खेलना तो होगा ही। हाँ, यह जरूर है कि यदि आप इस खेल के नियमों को समझ लेंगे, तो जीतने की संभावना प्रबल हो जाएगी और जीतने का क्षण ही मुख्यत: आनन्द का क्षण होता है।

◆◆◆

अमेरिकी कुटनीतिज्ञ और हॉलीवुड की बाल कलाकार शर्ली टेंपल ब्लेक के पति चार्ल्स जब छोटे थे, तब उन्होंने अपनी माँ से पूछा कि उनकी जिन्दगी में सबसे खुशनुमा लम्हा कब आया था? माँ ने जवाब दिया-''बस, अभी, इसी वक्त।'' चार्ल्स ने फिर पूछा-''मगर आपकी जिंदगी के कोई और खुशनुमा पल, जैसे जब आपकी शादी हुई थी?'' माँ ने जवाब दिया-''वह मेरे तब के खुशी के क्षण थे और यह मेरे आज के खुशी के क्षण हैं।''

27 काँटों के बिना गुलाब कैसा

जैसे ही हम अपने सोचने के तरीके को बदल लेते हैं, वैसे ही हम जिसके बारे में सोच रहे हैं, वह एकदम से बदल जाता है।

काँटों के बीच एक गुलाब खिला हुआ है या कि एक गुलाब काँटों से घिरा हुआ है। इन दोनों ही वाक्यों का अर्थ लगभग एक ही है। ये दोनों कथन एक ही सच्चाई को व्यक्त कर रहे हैं, लेकिन क्या सचमुच ये दोनों कथन बिल्कुल एक जैसे हैं? इन दोनों वाक्यों पर थोड़ा-सा ध्यान दीजिए तो आपको पता लगेगा कि ये दोनों एक होते हुए भी एक नहीं हैं, बल्कि ये तो एक होते हुए भी एक-दूसरे से बिल्कुल अलग हैं-एकदम ही अलग।

जब हम यह कहते हैं कि काँटों के बीच एक गुलाब खिला हुआ है, तब हमारे फोकस में गुलाब होता है, काँटा नहीं। हमारी आँखें गुलाब को देख रही हैं, काँटे को नहीं। हमारा मन इस बात से दुःखी नहीं है कि यहाँ इतने सारे काँटे क्यों हैं, बल्कि इस बात से खुश है कि इतने सारे काँटों के बीच एक खुबसूरत गुलाब भी है। यहाँ हमें गुलाब की जिजीविषा दिखाई दे रही है। हमें उसकी खिली हुई पँखुड़ियों पर जीवन का उल्लास दिखाई दे रहा है। हम मुग्ध हैं उसके सौन्दर्य पर, उसकी शक्ति पर कि इतने काँटों के बीच में भी इसने अपनी जगह बना रखी है। इस प्रकार वह कहीं-न-कहीं हमारे जीवन का एक आदर्श भी बन जाता है।

जबकि दूसरे वाक्य में हमारा ध्यान गुलाब पर नहीं, बल्कि काँटों पर केन्द्रित है। हमें इस बात की खुशी नहीं है कि इतने काँटों के बीच में आखिर

एक गुलाब भी है, बल्कि इस बात का ग़म है कि यहाँ काँटे क्यों है? मन यह सोचने लगता है कि काश! यहाँ गुलाब-ही-गुलाब होते, लेकिन हम यह भूल जाते हैं कि यदि यहाँ गुलाब-ही-गुलाब होते, तो फिर हमारे सोचने के लिए कुछ नहीं होता। गुलाब को यहाँ जो अतिरिक्त सुन्दरता मिली हुई है, वह काँटों के कारण ही है। हम इस बात को बिसार देते हैं और यही भूल हमारे दुःख और निराशा का कारण बन जाती है।

जो है, वह तो है ही। उसके बारे में हम कुछ नहीं कर सकते और यदि कर सकते हैं, तो फिर सोचें नहीं, बल्कि करने में लग जाएँ और अपनी इच्छानुसार स्थितियों को बना लें, लेकिन यदि कुछ नहीं कर सकते, तो कम-से-कम इतना तो कर ही सकते हैं कि अपने सोचने के तरीके को बदल लें। जैसे ही हम अपने सोचने के तरीके को बदल लेते हैं, वैसे ही हम जिसके बारे में सोच रहे हैं, वह एकदम से बदल जाता है।

हमारी जिन्दगी में यह बात बहुत मायने रखती है कि आखिर आप शुरू कहाँ से करते हैं। फूल से शुरू करने पर जिन्दगी फूलों की शैया बन जाती है तथा काँटों से शुरू करने पर वह काँटों का ताज बन जाती है। दिन से शुरू किया जाये, तो 48 घंटे की गणना में दो दिन और एक रात होंगे और इसे ही यदि आप रात से शुरू करें, तो 48 घंटे में दो रात और एक दिन होगा। बहुत फर्क पड़ता है इस बात से कि हम शुरू किससे कर रहे हैं। यह छोटी बात नहीं है। देखने में तो खैर छोटी ही है, लेकिन परिणाम में यह बहुत बड़ी बन जाती है।

सच पूछिए तो मुझे तो इससे एक कदम आगे बढ़कर यह भी लगता है कि आखिर काँटों से शिकायत क्यों? काँटों को भी तो वही जड़ पाल-पोस रही है, जो गुलाबों को पोस रहा है। दोनों के जीवन का मूल एक ही तो है। ऐसे में यदि काँटा, काँटा है, तो भला इसमें उस बेचारे का क्या दोष?

फिर यह भी तो कि क्या वाकई काँटा बुरा ही होता है? हाथ में फँसी हुई फाँस को क्या गुलाब से निकाला जा सकता है? उसके लिए तो काँटा ही चाहिए। फिर हमें यह क्यों लगता है कि यह अनावश्यक है? यह क्यों नहीं लगता कि वह गुलाबों की रक्षा कर रहा है। यदि काँटे नहीं होते, तो हो सकता

है कि बकरियाँ उस पौधे को चट कर जातीं, या शरारती बच्चे बड़ी आसानी से उसे तोड़कर उसका कचूमर निकाल देते।

साथ ही यह भी तो कि गुलाबों का जो महत्त्व है, वह इसीलिए तो है, क्योंकि वह काँटों के बीच खिला हुआ है अन्यथा खिले हुए तो और भी बहुत से फूल हैं, जो उससे भी खूबसूरत हैं और खुशबूदार भी। तो फिर गुलाब ही क्यों? गुलाब इसलिए, क्योंकि वह खिला ही नहीं है। खिलते तो सभी हैं। वह खिला ही नहीं है, बल्कि काँटों के बीच खिला हुआ है।

साथ ही यह बात भी है कि गुलाब का सौन्दर्य काँटों की पृष्ठभूमि के कारण ही तो है, तो फिर काँटे हमें खटकने क्यों चाहिए। सच पूछिए तो जिन्दगी इसके सिवाय कुछ है ही नहीं कि हम उसे ग्रहण किस प्रकार करते हैं। हम इसे ग्रहण किस प्रकार करेंगे, यह पूरी तरह हम पर निर्भर करता है। कम-से-कम यह तो वह है, जिसके बारे में हम पूरी तरह से आज़ाद हैं। कम-से-कम यहाँ तो हमें पूरी स्वतंत्रता मिली हुई है। इतना ही बहुत होगा कि हम इस स्वतंत्रता का सही तरीके से उपयोग करके काँटों से घिरे हुए अपने जीवन में उल्लास का एक गुलाब खिला लें।

फिर तो काँटों से भरा गुलाब भी आनन्द ही देगा।

◆◆◆

खगोलविज्ञानी जोहांस केपलर ने ग्रहों की गति और वेग से संबंधित मुख्यतः तीन नियम निरूपित किए थे। इनमें से दूसरा नियम था-क्षेत्रफल का। इसके अनुसार किसी भी ग्रह का वेग उसकी सूर्य से दूरी के अनुपात में होता है। जैसे-जैसे ग्रह सूर्य से दूर हटता है, उसकी गति कम होती जाती है। बुध सूर्य के सबसे निकट है। इसलिए उसकी गति अधिक है और उसे सूर्य का एक चक्कर लगाने में 88 दिन लगते हैं। जबकि प्लूटो, जो सूर्य से सबसे अधिक दूर है, इसी चक्कर को लगाने में 249 वर्ष लेता है।

28 अंधेरा भी जरूरी है पौधे के लिए

जैसे बिना अंधकार के बीज पौधा नहीं बनता, ठीक उसी प्रकार बिना दुःख के सुख नहीं मिलता।

हम सभी शुभ की इच्छा रखते हैं। शायद यही कारण है कि हम उन बातों का जिक्र भी नहीं करना चाहते, जो हमें अशुभ लगती हैं, लेकिन जो शुभ को पाने के लिए जरूरी हैं। हम जिन अशुभों की सीढ़ियों पर कदम रखकर शुभ तक पहुँचते हैं, उन अशुभों को दरकिनार करने में एक सेकेंड नहीं लगाते। क्या यह हमारी घोर स्वार्थवृत्ति का परिचायक नहीं है?

शुरू से ही हम किताबों में पढ़ते आ रहे हैं कि किसी बीज को पौधा बनाने के लिए तीन प्रमुख तत्त्वों की जरूरत रहती है - नमी (पानी), प्रकाश (गर्मी) और हवा, लेकिन यदि कुछ बीजों को स्टील की एक प्लेट में सजाकर उन्हें ये तीनों तत्त्व उपलब्ध करा दिए जाएँ, तो क्या ये सभी बीज पौधे बन जाएँगे? ये अंकुरित तो हो सकते हैं, लेकिन पौधे नहीं बन सकते। क्यों नहीं बन सकते ये पौधे? इसलिए, क्योंकि उन्हें इन तीनों के अतिरिक्त अंधेरे की भी जरूरत है और यह अंधेरा भी धरती के ऊपर फैलने वाला अंधेरा नहीं।

इन बीजों को हमें मिट्टी के अंदर का अंधेरा देना होगा। ऊपर से प्रकाश, वायु और नमी देनी होगी। तब कहीं अंधेरे के गर्भ में पड़ा हुआ यह कोमल बीज धरती की कठोर छाती को फाड़कर बाहर निकलेगा। कितना कोमल होता है-यह अंकुर और कितनी कठोर होती है-धरती की छाती।

आश्चर्य होता है कि इतने कोमल अंकुर में इतनी कठोर धरती को भेदने की ताकत आ कहाँ से जाती है? क्या आपको आश्चर्य नहीं होता? जरूर होता होगा। मुझे लगता है कि जब उस बीज को अंधेरे का साथ मिला, तो प्रकाश के विरुद्ध उसकी ताकत कई गुना बढ़ गई और तभी वह धरती को भेद सका।

उसका यह काम यहीं पर खत्म नहीं हुआ। अब वह लगातार यही करता जाएगा। यदि वह अपनी हरी डँगाल धरती के ऊपर सूरज की ओर बढ़ाता चला जाएगा, तो दूसरी ओर अपनी धूसर जड़ों को इस प्रकाश के विरुद्ध गहन अंधेरे की ओर फैलाता चला जाएगा। उसकी यह यात्रा एक ही साथ दोनों ओर की यात्रा होगी-प्रकाश की यात्रा और अंधकार की यात्रा भी।

हमारे लिए अंधकार अशुभ है। इसीलिए हम किसी बीज के पौधा बनने में अंधकार के योगदान का उल्लेख नहीं करना चाहते। शायद हमारे इसी एकांगी और अधूरे दृष्टिकोण का नतीजा होता है कि हम अपने जीवन में शुभ-ही-शुभ पाना चाहते हैं। सुख-ही-सुख देखना चाहते हैं। यह भूल ही जाते हैं कि बिना दु:ख के सुख आता ही नहीं। यदि हम इस तथ्य को स्वीकार कर लें कि जैसे बिना अंधकार के बीज पौधा नहीं बनता, ठीक उसी प्रकार बिना दु:ख के सुख नहीं मिलता, तो मुझे लगता है कि सचमुच हमारा जीवन कितना आसान हो जाएगा। पहाड़ जैसी यह जिन्दगी रूई की बोरी जैसी हल्की और मुलायम लगने लगेगी। आखिर यह जीवन का जो खेल है, वह मुख्य रूप से सोचने, विचारने, समझने और उसे आत्मसात करने का ही खेल तो है।

आप इस पूरी प्रकृति को देखिए। आपको यह देखकर सुखद आश्चर्य होगा कि इसका सारा अस्तित्व विरोधों को संतुलित करने के सिद्धांत पर ही टिका हुआ है। कहीं ऊँचे-ऊँचे पहाड़ हैं, तो उसी के पास तलहटी और खाई भी है। धरती पर न तो केवल समुद्र-ही-समुद्र है और न ही केवल रेगिस्तान-ही-रेगिस्तान। यदि सूरज निकलता है, तो फिर वह डूबता भी है। फूल खिलने के बाद मुरझाते हैं और इसके बाद फिर से एक नया फूल खिल जाता है। सच तो यही है कि जहाँ एक का विपरीत मौजूद नहीं होगा, वहाँ

विरोध का भी अस्तित्व नहीं रहेगा। जब विरोध करने वाला ही नहीं है, तो फिर विरोध कैसा।

ठीक इसी सिद्धांत को हमें अपने मनोविज्ञान पर भी लागू करना चाहिए। यदि एक बार यह बात समझ में आ गई, तो आप देखेंगे कि आपके अन्दर स्वीकार करने के एक ऐसे जबर्दस्त भाव का उदय होगा कि आप स्वयं आश्चर्यचकित रह जाएँगे कि अरे! यह क्या हुआ। समर्थन और विरोध का आपका वर्गीकरण ही खत्म हो जाएगा। इसकी वजह पर आप एक-दूसरे का विरोध करने वाले इन दो तत्त्वों को कहीं-न-कहीं एक-दूसरे का समर्थन करने वाला ही समझने लगेंगे। क्या आपको लगता है कि इस तरह की समझ कोई एक छोटी बात होगी?

छोटी बात नहीं है यह। यदि ऐसा हो गया, तो आप जान लीजिए कि आपके अन्दर एक बहुत बड़ी क्रांति घटित हो चुकी है। आप विश्वास कीजिए कि यदि ऐसा होता है, तो समझ लीजिए कि आपकी चेतना में एक बहुत बड़ा सकारात्मक विस्फोट हो चुका है, जो आपको अन्दर और बाहर, दोनों ही तरफ से आमूल-चूल बदलकर रख देगा। एक बार हो तो जाने दीजिए इसे।

तब देखिएगा कि आनन्द की कैसी खुमारी चढ़ेगी आपको।

◆◆◆

सर आइजैक न्यूटन दुनिया के महान जीनियसों में से एक थे, परंतु वे भी एक आर्थिक बूम में फंस गए थे,जिसे साउथ सी बबल के नाम से जाना जाता है। यह 1719 से 1722 तक चला था। हालाँकि वे काफी स्मार्ट थे, किन्तु फटाफट अमीर बनने की प्रवृत्ति के कारण वे बर्बाद हो गए थे। एक बार अपनी ज्यादतर पूँजी खोने के बाद उन्होंने कहा था कि "मैं आकाश की चीज़ों की गणना तो कर सकता हूँ, परंतु मैं लोगों के पागलपन की गणना नहीं कर सकता।"

29 विरोधों से भरे हैं हम सब

हम एक तरफ परिवर्तन चाहते हैं, किन्तु दूसरी तरफ परिवर्तन के घोर विरोधी भी होते हैं।

जो गरीब है, वह धनी होना चाहता है और जो धनी है, वह और अधिक धनी होना चाहता है। कभी-कभी तो यह भी देखने में आया है कि जो बहुत अधिक धनी है, वह अपने सारे हीरे-जवाहरात लुटाकर फिर से गरीब होना चाहता है। वह हो भी जाता है। राजा भर्तृहरि ने अपना राजपाट छोड़ दिया। गौतम बुद्ध ने भी कुछ ऐसा ही किया। भगवान महावीर के साथ भी यही हुआ। आज भी कभी-कभी इस तरह की कहानी-किस्से जैसी बातें पढ़ने और सुनने को मिल जाती हैं।

इसमें जो गौर करने लायक बात है, वह यह कि हर कोई परिवर्तन चाहता है। जो जहाँ भी थोड़े से अधिक समय तक के लिए रह लेता है, उसे लगने लगता है कि अब कुछ नया होना चाहिए और इसके लिए वह कोशिश करना शुरू कर देता है।

लेकिन इसका एक बहुत विचित्र दूसरा पक्ष भी है। दूसरा पक्ष यह है कि हम एक तरफ परिवर्तन चाहते हैं, किन्तु दूसरी तरफ परिवर्तन के घोर विरोधी भी होते हैं। हम अपनी मान्यताओं और जीवन-मूल्यों को जल्दी बदलना नहीं चाहते। बहुत से लोग तो अपने घर से भी खिसकने में बहुत असुविधा महसूस करते हैं। थोड़े-से भी परिवर्तन की बात उनके अन्दर झुंझलाहट पैदा कर देती है। तो क्या आपको ऐसा नहीं लगता कि सच में हम सब एक ही समय में कैसे दो विपरीत स्थितियों की इच्छा रखते हैं-परिवर्तन

हो भी और परिवर्तन न भी हो, लेकिन क्या ऐसा संभव है?

ऐसा संभव है ही नहीं और ऐसा संभव न हो पाना ही, मैं समझता हूँ कि हमारे जीवन की विडम्बना का एक बहुत बड़ा कारण है। हमें कम-से-कम इस तथ्य को तो पूरी तरह आत्मसात कर ही लेना चाहिए कि परिवर्तन प्रकृति का नियम है। प्रकृति में हर क्षण परिवर्तन हो रहा है। यह ब्रह्माण्ड हमें आज जैसा दिखाई दे रहा है, करोड़ों, अरबों वर्ष पूर्व ऐसा ही नहीं था। भौतिकविद् मानते हैं कि पाँच अरब वर्ष बाद सूर्य नष्ट हो जाएगा। फर्क केवल इतना है कि एक गधे की उम्र जहाँ बीस साल है, आदमी की उम्र पचहत्तर साल है, तो ब्रह्माण्ड की उम्र, सूर्य की उम्र अरबों-खरबों साल है।

जैसे ही हम यह कहते हैं कि अमुक की उम्र इतने साल है, तो हम बिना कहे ही यह भी कह रहे हैं कि वह लगातार बूढ़ा हो रहा है। वह लगातार बूढ़ा हो रहा है, इसका मतलब ही हुआ कि वह लगातार परिवर्तन के दौर से गुज़र रहा है। यदि परिवर्तन नहीं होगा, तो फिर वह मृत्यु के करीब पहुँचेगा कैसे?

परिवर्तन की इस सत्ता को स्वीकार करने के बाद हमारा मन न जाने कितने बोझों से मुक्त हो जाता है। हमारी दृष्टि भी साफ हो जाती है, क्योंकि तब हम किसी भी वस्तु के लिए अपने अन्दर स्थायित्त्व का भाव पालते ही नहीं। हम मानकर चलते हैं कि उसमें परिवर्तन होगा और इस परिवर्तन का होना उस वस्तु के हित में ही है। स्पष्ट है कि ऐसी स्थिति में मैं अतीत के मोह से ऊबर जाऊँगा और फिर किसी वस्तु के परिवर्तन या विनाश के लिए विलाप नहीं करूँगा। यदि हम किसी के जन्म का उत्सव मनाते हैं और यह भी मानते हैं कि पुनर्जन्म होता है, तो फिर क्या हमें किसी की मृत्यु का भी उत्सव नहीं मनाना चाहिए? अन्ततः वह मृत्यु ही तो है, जो किसी के जन्म का कारण बनी है।

दूसरे का नहीं, खुद का ही मूल्यांकन कीजिए, तो आपको यह सच्चाई अपने अन्दर ही बैठी हुई दिखाई दे जाएगी। हम सफलता चाहते हैं, लेकिन मेहनत नहीं करना चाहते। हम स्वर्ग जाना चाहते हैं, लेकिन बिना मरे ही। चाहते हैं कि हमारे बदले मर कोई और जाए, स्वर्ग हमें मिल जाए। हम

तैराक बनना चाहते हैं, लेकिन बालों को भिगोए बिना ही। क्या यह संभव है? जिस दिन यह संभव हो जाएगा, उस दिन सारी की सारी प्रकृति अस्त-व्यस्त हो जाएगी और सब कुछ खत्म हो जाएगा। प्रकृति का यह नियम बिल्कुल गणित के नियम की तरह है कि दो और दो का जोड़ चार होता है।

सोचकर देखिए कि हमने कैसे अपने अन्दर परिवर्तन-समर्थक और परिवर्तन-विरोधी, इन दोनों दार्शनिकों को बैठा रखा है। इसका नतीजा यह होता है कि हम किसी भी घटना या वस्तु के बारे में सही और ठोस निर्णय लेने से चूक जाते हैं और यही अन्ततः हमारे जीवन की असफलता, निराशा और यहाँ तक कि दुःख का भी कारण बन जाता है।

तो आइए, सबसे पहले हम स्वयं को इन दो परस्पर विरोधी वृत्तियों से मुक्त करें। हम पाएँगे कि किस तरह आगे की हमारी सारी वृत्तियाँ हमारे ही पक्ष में खड़ी होती जाएँगी।

और सारी वृत्तियों का पक्ष में खड़ा हो जाना ही तो आनंद की स्थिति का होना है।

◆◆◆

सन् 1922 में आइंस्टीन को नोबेल पुरस्कार मिला। रोचक तथ्य यह है कि उन्हें यह पुरस्कार गणितीय भौतिकी, विशेषकर प्रकाश वैद्युत प्रभाव की खोज के लिए दिया गया था। आइंस्टीन उस समय जापान की यात्रा पर होने के कारण पुरस्कार-समारोह में भाग नहीं ले सके थे। उन्होंने इसका उल्लेख न तो अपनी डायरी में और न ही दोस्तों को लिखे अपने पत्रों में किया है। एक बार उन्हें एक फार्म पर स्वयं को मिले पुरस्कारों का विवरण दर्ज करना था। इसमें भी वे नोबेल पुरस्कार का विवरण दर्ज करना भूल गए थे, लेकिन एक विचित्र तथ्य यह है कि जब उन्होंने अपनी पहली पत्नी मिलेवा को तलाक दिया, तो उसे निर्वाह-धन के रूप में नोबेल वाली राशि देने का वायदा करना नहीं भूले।

30 आंतरिक सौन्दर्य में छिपी है शांति

शांति की इच्छा तो हर कोई रखता है,
लेकिन इसे चाहता कोई नहीं है।

चाहे व्यक्ति हो या विश्व, कोई ऐसा नहीं है, जो शांति नहीं चाहता, लेकिन मुझे लगता है कि कोई ऐसा नहीं है, जो सचमुच में शांति चाहता है। शांति की इच्छा तो हर कोई रखता है, लेकिन इसे चाहता कोई नहीं है। हर कोई इससे बुरी तरह से घबड़ाता है। इसे ग्रहण करके इसके साथ रहने का साहस किसी में नहीं है। इसके बावजूद हर कोई यही कहता है कि उसे शांति चाहिए।

हम दार्शनिकों के पास जाते हैं। साधु-महात्माओं के पास जाते हैं। शिक्षक और तांत्रिकों के पास जाते हैं और उनके पाँवों पर अपना मस्तक रखकर गिड़गिड़ाते हैं कि 'हम क्या करें कि शांति मिले?' 'हम क्या करें कि शांति मिले,' अपने-आप में ही विरोध से भरा हुआ वाक्य है। शांति करने से नहीं मिलती। शांति के लिए तो जरूरी है कि आप जो कर रहे हैं, उसे करना बंद कर दें। कुछ न करने की प्रक्रिया में शांति निहित है, करने की प्रक्रिया में नहीं। जब हम कुछ करने की सोचेंगे, तो उस करने के दौरान अशांतियाँ उत्पन्न होंगी। शांति के लिए तो जरूरी है कि करना बंद कर दिया जाए और हम हैं कि अपने गुरू से पूछ रहे हैं कि 'हम क्या करें कि शांति मिले।'

यदि न करना ही शांति प्राप्त करने का तरीका है, तो क्या हम सचमुच न करने की स्थिति को स्वीकार करने को तैयार हैं? बिल्कुल भी नहीं। यहाँ न करने से मेरा तात्पर्य अकर्मण्यता से नहीं है। आलस्य और अलाली से नहीं

है। बल्कि इसका अर्थ कुछ न करने की विचार-स्थिति से है। यह स्थिति तब आती है, जब हम जो कुछ भी कर रहे हैं, उसी में सब कुछ को होता हुआ मान लें। मन इस बात के लिए ललचाए ही नहीं कि कुछ और करना है। जिस क्षण मन और कुछ करने के भाव से मुक्त हो जाएगा, उसी क्षण हमारे अन्दर शांति के अंकुर फूटने लगेंगे।

शांति के लिए ऊर्दू का बहुत प्यारा शब्द है-'अमन'। अमन का अर्थ ही है 'जहाँ मन न हो।' जहाँ मन नहीं होगा, वहाँ शांति होगी और जहाँ मन होगा, वहाँ शांति नहीं रह सकती। ये दोनों एक जगह बैठ ही नहीं सकते। जन्मजात विरोध है इन दोनों का और हम हैं कि इन दोनों को एक-साथ पाना चाहते हैं। तो फिर भला यह संभव कैसे होगा?

यदि कोई व्यक्ति सचमुच में शांति पाना चाहता है, तो दुनिया की कोई भी ताकत उसे ऐसा करने से रोक नहीं सकती। यह कोई जमीन का टुकड़ा नहीं है, जिसका बिना मोल चुकाए आप पा नहीं सकते। यह तो हमारे अन्दर का ही एक भाव है, जिसे हम केवल खुद ही पा सकते हैं। इसे हमें कोई देगा नहीं। यदि कोई देना भी चाहे, तो भी दे नहीं सकता और हम हैं कि अपनी इस शांति के लिए पलक पाँवड़े बिछाए जीवन भर प्रतीक्षा कर रहे हैं।

हम इस शांति को कभी नौकरी से जोड़ देते हैं, तो कभी विवाह से। कभी लगता है कि मकान बन जाए तो बात बन जाएगी, तो कभी लगता है कि प्रमोशन हो जाए तो बात बन जाएगी। कभी पुत्र की कामना तो कभी पुत्र के पुत्र की कामना। हम अपनी शांति को इन कामनाओं का गुलाम बना देते हैं। 'न नौ मन तेल होता है और न राधा नाचती है।' न इन इच्छाओं का अंत होगा और न कभी शांति मिलेगी।

जब तक हम इस शांति की तलाश दूसरों में करते रहेंगे, तब तक शांति हमारी तलाश करती रहेगी और जब कभी भी दो एक-दूसरे की तलाश कर रहे होते हैं, तो उनकी यह तलाश कभी पूरी नहीं होती। जिस दिन इन दोनों में से कोई एक बैठ जाएगा और दूसरा अपनी तलाश जारी रखेगा, तो कभी-न-कभी इन दोनों की भेंट हो सकती है।

क्या आप सचमुच शांति चाहते हैं? यदि हाँ, तो यह जरा भी कठिन नहीं

है। इसका बहुत छोटा-सा उपाय है। उपाय यह है कि इसकी खोज करना बन्द कर दिया जाए। इसके सारे बाहरी आधारों को गिरा दीजिए और अब इसे अपने अन्दर ढूँढ़ना शुरू कर दीजिए। देखिए, आपकी उससे मुलाकात होती है या नहीं। निश्चित रूप से होगी। देर भले ही हो जाए, लेकिन होगी जरूर।

शांति के लिए न तो किसी साधना की जरूरत है और न ही किसी दर्शनशास्त्र की। यह तो महज हमारे मन की एक स्थिति भर है। जैसे ही हम मन की चंचलता पर नियंत्रण पा लेते हैं, अपने अन्दर शांति के लिए कैनवास तैयार कर लेते हैं और उस पर अप्रतिम सौन्दर्य की लकीरें उभरनी शुरू हो जाती हैं। सच यही है कि जब हम अपने इसी आंतरिक सौन्दर्य का साक्षात्कार करते हैं, तो यही सौन्दर्य-दर्शन हमारी शांति का कारण बनता है।

यहाँ हमें इस बात को अच्छी तरह समझ लेना चाहिए कि शांति कभी भी शून्य में नहीं मिलती। इसे भी कोई-न-कोई आधार चाहिए ही। निश्चित रूप से अपने अन्तर्मन में किसी सौन्दर्य की अनुभूति करना सबसे उत्तम, सबसे पुख्ता और सबसे सरल आधार हो सकता है। इसलिए यदि आपको शांति चाहिए, तो आंतरिक सौन्दर्य की खोज कीजिए, शांति की नहीं। बाहरी खोज से यह मिलने वाली नहीं है, जैसा कि लगभग हर कोई कर रहा है। वैसे यदि आप मुझसे पूछें, तो मैं तो यही कहूँगा कि इसकी खोज करना ही बंद कीजिए, क्योंकि किसी की भी खोज करना अपने आप में एक तनावपूर्ण काम होता है। तनाव आया नहीं कि शांति भंग हुई।

क्या आप जीवन के उस किसी एक क्षण को याद कर सकते हैं, जब आपने शांति का अनुभव किया था? याद कीजिए उस क्षण को। ऐसा हो ही नहीं सकता कि आपकी स्मृति के खजाने में ऐसा कोई भी एक क्षण नहीं होगा। वह है। उसे याद कीजिए और समझ लीजिए कि उस समय शांति का वह अद्‌भुत क्षण जिन कारणों से आपके पास आया था, उन्हीं कारणों से वह अब भी आपके पास आएगा। यही आपकी अपनी खोज हो सकती है, यदि आप शांति की तलाश करना ही चाहते हैं तो। जैसे ही आपके अन्दर शांति आएगी, आपके हाथों में आनन्द का प्याला आ जाएगा।

♦♦♦

31 स्वीकार करें स्वीकार्य-भाव को

हम जो साधारण थे, स्वीकार्य के भाव के द्वारा असाधारण बनते चले जाते हैं।

हमें भले ही इस बात का ज्ञान न हो कि हम क्यों हैं, लेकिन इस बात का ज्ञान तो हमेशा बना ही रहता है कि हम हैं। इसमें कुछ बुरा भी नहीं है, क्योंकि यह तो एक यथार्थ ही है कि हम हैं और यदि हम हैं, तो उसका ज्ञान होना ही चाहिए। तो फिर गड़बड़ी कहाँ है?

गड़बड़ी वहाँ है, जब हमें अपने ज्ञान के साथ-साथ दूसरे का ज्ञान नहीं होता। कई बार तो यह भी होता है कि हमें दूसरे के होने का भान तक नहीं होता। हम अपने आपमें ही इतने अधिक खो चुके होते हैं, धँस चुके होते हैं, जकड़ चुके होते हैं कि हम दूसरों का ज्ञान लेना ही नहीं चाहते। हाँ, यह जरूर है कि हम अपने बारे में दूसरों को ज्यादा-से-ज्यादा बताना चाहते हैं और यह भी चाहते हैं कि वे हमारे अस्तित्त्व को केवल जाने ही नहीं, बल्कि स्वीकार भी करें; यहाँ तक स्वीकार करें कि उन्हें अपना अस्तित्त्व हमारे अस्तित्त्व के सामने बौना नज़र आने लगे।

यहाँ एक सामान्य-सी बात यह है कि जब हम दूसरे पर अपने अस्तित्व को आरोपित करते हैं, तो हम एक प्रकार से दूसरे को दे ही दे रहे हैं, ले कुछ भी नहीं रहे हैं। बात साफ है कि यदि ले नहीं रहे हैं, तो हममें जुड़ भी कुछ नहीं रहा है। हम वही हैं और वहीं हैं, लेकिन इससे भी बड़ी गहरी और नुकसानदेह बात यह है कि हम यह मानकर चलने लगते हैं कि हमें कुछ भी लेना नहीं है। हम अपने आपमें पूर्ण हैं, सम्पूर्ण हैं। आधे-अधूरे नहीं हैं कि

हम किसी से कुछ लें। हमें किसी की जरूरत नहीं है, बल्कि दूसरों को हमारी जरूरत है। स्वाभाविक है कि जब प्याला ही भरा हुआ है, तो उसमें एक बूँद भी अतिरिक्त नहीं डाला जा सकता। जैसे ही फल अपने को पका हुआ समझ लेता है, वैसे ही उसके गलने की शुरुआत हो जाती है। अब यह हम पर है कि हम अपने प्याले में और कुछ भरना चाहते हैं या नहीं और हम अपने फल को बढ़ाना चाहते हैं या गलाना।

यदि प्याले को और भरना है, यदि फल को पकने से पहले और बड़ा करना है, तो इसका एकमात्र उपाय यह है कि हम अपने अन्दर स्वीकार्य का भाव लाएँ। इस भाव का अर्थ है–दूसरे को स्वीकार करने की भावना। यहाँ चेतना काम नहीं आती, क्योंकि चेतना हठी होती है, जिद्दी होती है। वह बातों को मानसिक स्तर पर भले ही स्वीकार करा दे, लेकिन मन के स्तर पर नहीं करा पाती। जबकि स्वयं को भरने के लिए जरूरी है कि हम जो कुछ भी स्वीकार करें, उसे मन के स्तर पर स्वीकार करें और इसके लिए विचार की नहीं, बल्कि भावना की भी जरूरत होती है। स्वीकार्य का भाव जीवन का एक अद्‌भुत भाव है। यह तभी आता है, जब हम स्वयं को भूल जाएँ, स्वयं को मिटा दें या कि दूसरों में खो जाएँ। यह एक प्रकार से अपने अहम् को मिटा देने की बात होती है और जब मेरे अन्दर 'मैं' ही नहीं रह जाएगा, तो स्वाभाविक है कि 'मैं' तुरन्त ही 'तू' में तब्दील हो जाएगा और जैसे ही 'मैं' 'तू' बनता है, वैसे ही स्वाभाविक रूप से स्वीकार करने की भावना आ जाती है।

इस भावना के आते ही मन की सारी झुंझलाहट, सारे द्वंद्व, चिड़चिड़ापन तथा तीखापन तिरोहित होने लगता है। दैनिक जीवन में हम जो भी व्यवहार करते हैं, उन सबके पीछे हमारी अतीत की स्मृतियाँ और भविष्य की कल्पनाओं के संदर्भ काम करते रहते हैं। हमारी सारी तात्कालिक प्रतिक्रियाएँ इन्हीं की पृष्ठभूमि में जन्म लेती हैं और अभिव्यक्ति भी पाती हैं। हमें इस गलतफहमी में कभी नहीं रहना चाहिए कि हम अभी तुरंत जो कुछ भी कह या कर रहे हैं, वह बहुत सोचा-समझा हुआ है। सोचा-समझा हुआ तो है, लेकिन उसे सोचने और समझने का काम हमारा वर्तमान नहीं कर रहा है, बल्कि या तो अतीत कर रहा है या फिर भविष्य और जब वर्तमान स्थगित हो

जाता है, तो स्वाभाविक रूप से हमारे स्वीकार्य का भाव भी उपेक्षित हो जाता है। इससे मन एक अलग तरह की कड़ुवाहट और संकीर्णता का शिकार हो जाता है।

इससे मुक्ति का उपाय क्या है? शायद सबसे अच्छा उपाय यही है कि हम अपने अन्दर दूसरों को अधिक-से-अधिक स्वीकार्य करने का भाव लाएँ। हम इस बात से डरें नहीं कि कहीं ऐसा तो नहीं कि दूसरे को स्वीकार्य करने की प्रक्रिया में हमारी अपनी निजता ही समाप्त हो जाएगी। ऐसा नहीं होता है, बल्कि इसके विपरीत हमारी निजता एक विशिष्ट निजता में परिवर्तित हो जाती है। हम जो साधारण थे, स्वीकार्य के भाव के द्वारा असाधारण बनते चले जाते हैं। सबसे बड़ी बात तो यह कि इससे हमारे अन्तर्मन में जो शान्ति का एक महासागर उतरता चला जाता है, उसकी अनुभूति तो तभी की जा सकती है, जब हम एक बार स्वीकार्य-भाव के स्वाद को चखकर देखें। एक बार, केवल एक बार, फिर यह अपने आप बार-बार होने लगेगा।

और जब बार-बार होने लगेगा, तो इसी से जन्मेगा आनन्द का पौधा।

♦♦♦

डॉ0. जॉनसन अंग्रेजी के प्रसिद्ध भाषाविद् थे। लेकिन एक अन्य विद्वान एडमंड बर्क से उनकी कभी पटरी नहीं बैठी। उन्होंने सपना देखा कि बर्क ने उन्हें तर्क में हरा दिया है। वे साहित्य के क्षेत्र में किसी से हार मानने वाले न थे। इससे उन्हें इतना सदमा पहुँचा कि वे नींद में ही रोने लगे। शीघ्र ही वे अपने आँसुओं और हिचकियों के कारण जाग गए। जागृतावस्था में डॉ. जॉनसन ने अपने स्वप्न पर निष्कर्ष निकाला कि एडमंड बर्क के साथ शास्त्रार्थ में दोनों तरफ के तर्क तो वे स्वयं दे रहे थे। सुप्तावस्था की यह एक ऐसी विचित्र पराजय थी, जो जागने पर विजय लगी।

32 मुझे कोई दुःखी करे तो

स्वभाव की अनुकूलता सबसे बड़ा सुख है।

चीन के एक आध्यात्मिक संत हुए हैं - लाओत्से। इन्होंने एक बहुत ही खूबसूरत बात कही थी कि 'कोई मुझे दुःखी तो करके देखे। मुझे कोई दुःखी कर ही नहीं सकता, क्योंकि मैं सुख माँगता ही नहीं।' सुख की खोज के संदर्भ में सचमुच कितनी अद्‌भुत बात कही थी- लाओत्से ने।

इसका अर्थ यही निकलता है कि सचमुच में सुख की उपस्थिति है ही नहीं। यह एक प्रकार की अनुपस्थिति है। यह दो तरह से है। यदि दुःख नहीं है, तो जो भी हमारे साथ है, वह सुख ही होगा। इसका मतलब यह हुआ कि दुःख की अनुपस्थिति ही अपने-आपमें सुख बन जाती है।

साथ ही इसका अर्थ यह भी है कि दुःख, तब तक नहीं होगा, जब तक हम सुख की चाह न करें। सुख की चाहत ही दुःख का कारण है। हम कुछ चाहते हैं और जब वह चाहना पूरा नहीं होता, तो दुःखी होते हैं और जैसे ही दुःखी होते हैं, वैसे ही सुख गायब हो जाता है। यानी कि यहाँ भी सुख का कारण यही है कि वह होता नहीं। वह केवल चाहा जाता है और यह चाहना ही दुःख का कारण बनता है, जिससे सुख गायब हो जाता है। क्या इससे यह अर्थ नहीं निकलता कि सुख का कोई अस्तित्त्व ही नहीं है?

तो दुःख क्या है? कोई दुःखी होता क्यों है? किसी ने कहा है कि 'कोई भी व्यक्ति बिना आपकी अनुमति के आपको दुःखी नहीं कर सकता।' यह भी बहुत महत्वपूर्ण उक्ति है। यदि हमें कोई अपमानित करता है, जिससे हम

दुःखी होते हैं, तो निश्चित रूप से वह ऐसा हमारी प्रत्यक्ष-अप्रत्यक्ष अनुमति से ही करता है। हम उसे इस बात के लिए प्रेरित करते हैं या अवसर देते हैं कि वह हमें अपमानित करे, जिसके बदले में हम दुःखी हों। हमारी अपनी कमजोरी ही दूसरों को हमें दुःखी करने के लिए उकसाती है। इसी कमजोरी को हम अपनी कमी, अपनी अज्ञानता तथा स्वार्थपन, भय या अपना लाभ, कुछ भी कह सकते हैं। सामने वाले के द्वारा किए गए अपमान को हम इसलिए बर्दाश्त करके दुःखी होते हैं, क्योंकि उससे हमें किसी लाभ की आकांक्षा रहती है, या हम उससे भयभीत रहते हैं। यदि सचमुच में बात यही है, तो फिर इस उक्ति पर संदेह करने का कोई विशेष कारण दिखाई नहीं देता कि 'आपको आपकी अनुमति के बिना दुःखी नहीं कर सकता।'

सुख और दुःख के चक्र का चलना शायद मनुष्य के जन्म के साथ ही शुरू हो गया था। हर युग के हर समाज में इसकी परिभाषाएँ बहुत अलग-अलग रही हैं, लेकिन ऐसा लगता है कि इन सभी के लिए एक शाश्वत परिभाषा भी दी जा सकती है कि वस्तुतः सुख क्या है? मुझे लगता है कि यह कहना शायद बहुत गलत नहीं होगा कि स्वभाव की अनुकूलता शायद सबसे बड़ा सुख है। यदि हमें अपने ही स्वभाव के अनुकूल कर्म करने का अवसर मिल जाए तो इससे अधिक सुख की बात भला और क्या हो सकती है। स्वभाव का अर्थ ही है-अपने भाव में रहना। ठीक इसी तरह स्वास्थ्य का अर्थ है-'स्व' में स्थित रहना। आपका शरीर 'स्व' में स्थित रहता है, तो वह स्वस्थ रहता है। जब हमारा मन 'स्व' के भाव में स्थित रहता है, तो वह सुखी रहता है। इससे विचलन ही अस्वस्थता और दुःख के मूल कारण हैं।

लेकिन हमारा संकट यह है कि हममें से कितने लोग ऐसे हैं, जो सचमुच ही अपने ही भाव में रहना चाहते हैं? ऐसा नहीं है कि हमें अपने भाव में रहने का अवसर ही नहीं मिलता है। बहुतों को यह सौभाग्य मिलता है, लेकिन समाज के दबाव या भौतिकता के आकर्षणों के वशीभूत होकर हम स्वयं को अपने भाव से विलग करके दूसरे के भाव में स्थित कर देते हैं। इसी का नतीजा होता है दुःख और एक ऐसा अनन्त दुःख कि सारी सुविधाओं के बावजूद जिससे मुक्ति नहीं मिल पाती। कौन मुक्त करेगा हमें इससे? कोई नहीं आएगा इसके लिए। हमें स्वयं ही स्वयं का मुक्तिदाता बनना

पड़ेगा। हमें स्वयं ही स्वयं से स्वयं को मुक्त कराना होगा।

मैंने लम्बे निरीक्षण के बाद पाया है कि लगभग 95 प्रतिशत दुःख वस्तुतः दुःख होते ही नहीं हैं। इसके बावजूद ये हमको दुःख पहुँचाते रहते हैं। ये सारे दुःख हमारे मन से जुड़े हुए दुःख होते हैं। ये सभी हमारी सोच के कारण होते हैं, हमारी गलत सोच के कारण। जिसमें नकारात्मक रूप से सोचने की आदत जितनी अधिक होती है, उसकी जिन्दगी के गोदाम में दुःख का स्टॉक उतना ही अधिक होगा और दुःखों की विभिन्न किस्में भी। यहाँ तक कि यदि इनके पास सुखों का, खुशियों का खजाना भी भेज दिया जाये, तो उन सभी को दुःखों के ढेर में ठीक उसी प्रकार बदल देंगे, जैसे कि हीटर बर्फ को भाँप में तब्दील कर देता है। लाख चाहकर भी आप ऐसे लोगों को सुखी नहीं बना सकते, जबकि ठीक इसके विपरीत आप लाख चाहकर लाओत्से जैसों को दुःखी नहीं कर सकते।

तो मित्रों, यह पूरी तरह आपके अपने ही हाथ में है कि आप क्या होना चाहते हैं–दुःखी या सुखी। इतना बड़ा काम और इतना बड़ा अधिकार आप किसी अन्य को मत दीजिए। अन्यथा आप जिन्दगी भर के लिए दूसरों के गुलाम हो जाएँगे। यदि अधिकार आपके हाथ में है, तो पक्का जानिए कि आनन्द की प्याली भी आपके हाथ में होगी।

♦♦♦

एडीसन कई घंटों तक मेहनत के बाद जब घर आते थे, तब पुराने बिस्तर पर लेटते ही बच्चे की तरह स्वाभाविक नींद में सो जाते थे। एडीसन की पत्नी से जब उनके पति की इस आदत के विश्लेषण के लिए कहा गया, तो उन्होंने कहा कि 'वे प्राकृतिक पुरुष हैं।' उनका आशय था कि वे पूरी तरह से ईश्वर और प्रकृति के सामंजस्य में जीते थे। उनमें कोई असंतुलन नहीं था, कोई संघर्ष नहीं था, कोई भावनात्मक अस्थिरता नहीं थी, कोई मानसिक गड़बड़ी नहीं थी। भावनात्मक संतुलन तथा पूरी तरह विश्राम करने की उनकी योग्यता से उन्हें ऊर्जा प्राप्त होती थी।

33 कल्पना है दुःखों का मूल

खिड़की जरूरी तो है, लेकिन केवल खिड़कियों से कभी घर नहीं बना करते। खिड़कियों के घर नहीं होते। हाँ, घरों में खिड़कियाँ जरूर होती हैं।

"हम सभी हमेशा वहीं नहीं रहते, जहाँ कि हम हैं। बल्कि कहीं और रहते हैं, वहाँ, जहाँ हम नहीं हैं।" यह वक्तव्य कुछ ऊटपटांग, अनर्गल एवं अविश्वसनीय जरूर लगेगा, लेकिन ऐसा है नहीं। आइए, धैर्य एवं सहानुभूति के साथ इसे समझने की कोशिश करें, क्योंकि यह हमारे जीवन के आनंद एवं दुःख के साथ गहरे रूप से जुड़ा हुआ है।

हम सभी की एक नहीं, बल्कि दो-दो दुनियाएँ हैं। एक, जिसमें हम रह रहे हैं, साँस ले रहे हैं तथा दूसरों के साथ बात-व्यवहार कर रहे हैं। दूसरी वह; जो इससे परे है और जिसकी रचना हमने स्वयं की हुई है, बिना किसी की इज़ाजत के। यह दूसरी दुनिया भले ही रहती तो हमारे मस्तिष्क में है, लेकिन हम अधिकांशतः इसी दुनिया में रहते हैं। यह हमारा स्व-निर्मित लोक है-कल्पनालोक। यथार्थ के लोक और कल्पना के लोक में हमारा निरंतर आना-जाना लगा रहता है, चलता रहता है।

तब तक हमारे जीवन-प्रवाह में कोई बाधा नहीं आती, जब तक कि ये दोनों लोक अलग-अलग रहकर अपने अस्तित्व को बनाए रहते हैं। संकट की शुरुआत तो इनके पारस्परिक हस्तक्षेप से होती है। यह हस्तक्षेप भी यथार्थ लोक उतना नहीं करता, जितना कल्पना का लोक करता है और यह हस्तक्षेप भी कोई थोड़ा-मोड़ा नहीं होता। कभी-कभी तो इस सीमा तक हो जाता है कि काल्पनिक लोक ही अपने-आपको यथार्थ लोक घोषित कर देता है।

आप सोचकर देखें कि जब ऐसा हो जाता है, तो फिर हमारे जीवन की कितनी दुर्गति होती है। इसका कोई अंत नहीं होता, क्योंकि कल्पना के पक्षी के पंख कभी थकते नहीं।

कल्पनाशीलता हमारे लिए प्रकृति का दिया गया अभिशाप नहीं, बल्कि बहुत बड़ा वरदान है, लेकिन यह तभी तक वरदान है, जब तक कि इसका तालमेल यथार्थ जीवन से होता रहे, अन्यथा यह अभिशाप बन जाता है, एक ऐसा क्रूर अभिशाप कि हमारे पास सब कुछ होने के बावजूद कुछ भी नहीं रह पाता।

हमारा बचपन कल्पनाओं से भरा रहता है—उल-जूलूल, बेतरतीब और अविश्वासों से भरी हुई कल्पनाएँ, लेकिन ये पूरी तरह अर्थहीन नहीं होतीं। ये हमारे अवचेतन में जाकर चुपचाप दुबककर बैठ जाती हैं। बाद में ये ही थोड़े बदले हुए रूप में हमारी कल्पनाओं में आती रहती हैं।

कल्पना करना बुरी बात नहीं है, लेकिन हमेशा वहीं रहना भी तो अच्छी बात नहीं है। जीवन का जो सच है, वह वह है, जो हमारे सामने है, फिर भले ही इसकी दीवारें तिहाड़ जेल की तरह मोटी और ऊँची ही क्यों न हों। इसे भला हम कैसे नकार सकते हैं। हाँ, यहाँ कल्पना भी है, जो दीवार में लगी हुई एक ऐसी खिड़की की तरह है, जो जंगल की ओर खुलती है। इससे अधिक कुछ नहीं। खिड़की अपने-आप में दीवार नहीं होती। हो भी नहीं सकती। हमें इस वैज्ञानिक सत्य को समझना ही होगा। खिड़की जरूरी तो है, लेकिन केवल खिड़कियों से कभी घर नहीं बना करते। खिड़कियों के घर नहीं होते। हाँ, घरों में खिड़कियाँ जरूर होती हैं।

हमारे बहुत से दुःखों के मूल में यही भ्रम है कि खिड़की ही घर है। आखिर किसने हमें यह अधिकार दिया है कि हम कल्पना की अपनी इस दुनिया को इस प्रकार रच लें कि उसके सामने दिखाई देने वाली दुनिया निरस्त ही हो जाए? यह एक प्रकार से हमारे द्वारा किया गया एक अवैध निर्माण है और जब इस अवैध निर्माण को गिराया जाता है, तो हमें लगता है कि हमारा अपना मकान तोड़ दिया गया और हम दुःखी हो जाते हैं।

तो क्या हमें अपनी कल्पना को सीमा में नहीं रखना चाहिए? रखना

ही चाहिए। कल्पना पर हमारा जितना अधिक नियंत्रण होगा, हमारे जीवन पर हमारा उतना ही अधिक नियंत्रण होगा और जितना अधिक नियंत्रण हमारा अपने जीवन पर होगा, उतना ही अधिक नियंत्रण हमारा इस बात पर भी होगा कि हम कितना सुखी होना चाहते हैं और कितने अधिक दुःखी।

कला, साहित्य, संस्कृति, इतिहास, आदर्श तथा मिथक आदि ने हमारे भाव-जगत की सच्चाइयों को इतना अधिक नुकसान पहुँचाया है कि यह काल्पनिक जगत ही हमारा सत्य जगत बन गया है। भारतीय दर्शन जब 'जगत मिथ्या' की बात कहता है, तो फिर हम जो सामने है, उसकी अनदेखी करके, जो अनदेखा है, उसे देखने के प्रयास में लग जाते हैं। मुझे लगता है कि बस यहीं से गड़बड़ी की शुरुआत हो जाती है। मैं यह बात अपने उन कई अनुभवों के आधार पर कह रहा हूँ, जो मैंने अवसाद के विकार से ग्रस्त लोगों में पाए हैं। किसी के प्रति अपेक्षाओं के भाव ही उनके अवसाद के मूल में रहते हैं। हाँ, इस अवसाद में जीवनगत परेशानियों की भी अपनी कम बड़ी भूमिका नहीं रहती। जीवनगत परेशानियों के हल तो भौतिक जगत में निकल आते हैं, लेकिन भावगत परेशानियों के हल नहीं और यहीं से सारी गड़बड़ियाँ शुरू हो जाती हैं।

हो सकता है कि मेरी यह बात किसी को इस तरह की गड़बड़ी की शुरुआत होने से बचा ले।

यदि आप इससे बच गए तो आप आनन्द के उद्यान में पहुँच जाएँगे।

♦♦♦

आख्यान है कि पेशवा से बारम्बार हारकर निजाम ने उनका चित्र देखना चाहा। पेशवा का जो चित्र निजाम के सामने पेश किया गया, उसमें वे एक खेत में खड़े होकर हरी मिर्च के साथ ज्वार का भुट्टा खा रहे थे। निजाम ने भी ये चीज़ें चखनी चाहीं। जब उनकी जीभ जल गई और ज्वार गले में फँस गई, तो उन्होंने कहा कि 'यह सब खाने-पचाने वाला हमें नहीं हराएगा, तो क्या हम उसे हराएँगे?'

34 हम करते हैं दुःख से प्रेम

यदि हम सभी अपने बहुत गहरे में जाकर झाँकें, तो शायद यह देखकर चौंक उठेंगे कि सचमुच में हमें अपने दुःखों से भी प्रेम हो जाता है।

लगभग पच्चीस साल पहले मेरे शिक्षक ने मुझसे एक दार्शनिक अंदाज में प्रश्न पूछा था कि "मनुष्य का मुख्य उद्देश्य क्या होता है?" मैंने कहा था- "सुख की प्राप्ति और दुःख से निवृत्ति।" उन्हें शायद यह उत्तर जमा नहीं। उन्होंने मेरे इस उत्तर को सुधारने के लिए कहा। मैंने अपने पहले वाले उत्तर के क्रम में सुधार करते हुए कहा- "दुःख से निवृत्ति और सुख की प्राप्ति।" मुझे याद है कि भरी कक्षा में उन्होंने मेरी पीठ थपथपाई थी। उस समय मुझे अपने उस उत्तर पर कतई कोई संदेह नहीं था। कुछ दिनों बाद संदेह शुरू हुआ, जो आज पककर इस पक्के विश्वास में तब्दील हो चुका है कि व्यक्ति अपने दुःख से निवृत्ति चाहता ही नहीं।

जी हाँ, सचमुच में व्यक्ति अपने दुःखों से मुक्त होना नहीं चाहता। मैं जानता हूँ कि आपको मेरी यह बात उल्टी, हास्यास्पद एवं मूर्खतापूर्ण लगेगी, लेकिन क्या हर वह बात, जो अपने परंपरागत लीक से हटकर होती है, असल में ऐसी ही नहीं लगती?

न्यूजीलैण्ड की सरकार को अपने उन नागरिकों पर दया आई, जो बर्फीले क्षेत्रों में इग्लू में रहते थे। उसने उनके लिए पक्के मकान बनवाए, लेकिन उन्होंने उन पक्के मकानों में जाने से मना कर दिया। कुछ ऐसा ही राजस्थान के बंजारों के साथ भी हुआ। उन्होंने पक्के मकानों में रहकर एक स्थायी तथा तथाकथित सभ्य जीवन जीने की सरकार की आकांक्षा को नकार दिया।

सामान्य प्राकृतिक नियम यह है कि हम लंबे समय तक जिसके साथ रहते हैं, उससे हमें एक प्रकार का मोह हो जाता है; फिर चाहे वह गंदी नाली ही क्यों न हो, जो हमारे घर के सामने बह रही है। दुःख के साथ भी बिल्कुल यही नियम लागू होता है। हाँ, यह बात अलग है कि यह इतने सूक्ष्म स्तर पर और इतने सूक्ष्म तरीके से होता है कि हमें इसके होने का एहसास ही नहीं हो पाता। दुःख में रहते-रहते हम उस दुःख के इतने अभ्यस्त हो जाते हैं कि वह हमारे लिए दुःख ही नहीं रह जाता। हाँ, हमारे शुभचिंतक जरूर हमें देखकर दुःखी होते रहते हैं। दुःख में जीने की हमारी आदत इतनी घनी हो जाती है कि भले ही इसमें हमें सुख का आभास न हो रहा हो, लेकिन हम उस खतरनाक मनोविज्ञान के शिकार अवश्य हो जाते हैं कि इस दुःख के चले जाने की आशंका से भयभीत होकर दुःखी हो उठते हैं। लगने लगता है कि यदि यह दुःख ही नहीं रहा, तो फिर जीवन में रह ही क्या जाएगा। इसलिए आपको ऐसे बहुत से लोग मिल जाएँगे, जो जानबूझकर दुःखों को आमंत्रित करते हैं।

दुःख का एक अन्य विचित्र पक्ष भी है। यह पक्ष सहानुभूति पाने का पक्ष है। यह पक्ष कामचोरी का है, अकर्मण्यता का है। दुःखी व्यक्ति अपने परिवार और समाज की सहानुभूति का पात्र होता है। कुछ लोग उनके पास जाते हैं और अपनी सहानुभूति जताते हैं। क्या दुःख का चला जाना सहानुभूति जताने वाले इस जत्थे का चले जाना नहीं होगा?

और फिर यदि कोई शारीरिक रूप से बीमार हो गया और लंबे समय तक बीमार रह लिया, तो ठीक होने की उसकी इच्छा भी बीमार हो जाती है। यही उसके लिए सुविधाजनक हो जाता है, क्योंकि इस बीमारी की आड़ में वह अपने जीवन के सारे दायित्वों से बच सकता है। वह कुछ करने से मुक्त हो जाता है।

यदि हम सभी अपने बहुत गहरे में जाकर झाँकें, तो शायद यह देखकर चौक उठेंगे कि सचमुच में हमें अपने दुःखों से भी प्रेम हो गया है या उसे सूफी शब्दावली में कह लीजिए कि 'इश्क' हो गया है।

बिना इस सच्चाई को जाने दुःख से निवृत्ति के प्रयास की शुरुआत

नहीं हो सकती और हम इस सच्चाई को अलबत्ता तो जानना नहीं चाहते और यदि जान भी लें, तो मानना नहीं चाहते। तो फिर ऐसे में इसके सिवाय विकल्प ही क्या है कि "दुःख ही मेरा सुख है।"

आमतौर पर हम ज्यादा समय तक सुख का ही अनुभव करते रहते हैं। दुःख तो कभी-कभी ही आता है और वह भी तब, जब उसकी याद आती है। अन्यथा हम उसे भूले ही रहते हैं। हमारी जिंदगी ठीक-ठाक तरीके से चलती रहे, उसके लिए यह जरूरी भी है। इसके बावजूद हम सबको यही लगता है कि यह जीवन दुःखों से भरा हुआ है। फलस्वरूप हमारे लिए दुःख भी एक प्रकार का सुख ही बन गया है, लेकिन चूँकि प्रचार करने की दृष्टि से कहने और बताने की दृष्टि से दुःख की बात अधिक अपील करती है, इसलिए यही कहा जाता रहा है और कहा जाता रहेगा कि "मैं दुःखी हूँ।"

मुझे लगता है कि इस प्रकार हम अपने आपको ही छल रहे हैं। हमें इसे समझना होगा। इसे समझे बिना इससे निजात संभव नहीं है।

◆◆◆

एडीसन ट्रेन में पेपर बाँटते थे। एन्ड्रयू कारनेगी ने चार डालर प्रतिमाह से काम शुरू किया था, और जॉन डी.राकफेलर ने छह डालर प्रति सप्ताह में। अब्राहम लिंकन लकड़ी के एक केबिन में पैदा हुए थे। महानतम वक्ता डेमोस्थनीज हकलाते थे। जब उन्होंने पहली बार सार्वजनिक रूप से भाषण देने की कोशिश की, तो लोगों ने उनकी हँसी उड़ाकर उन्हें मंच से भगा दिया था। ज्यूलियस सीजर मीर्गी के शिकार थे। नेपोलियन के माता-पिता गरीब थे, और मिलिट्री अकादमी में 65 लोगों की क्लास में उसका नम्बर 46वाँ था। बीथोवेन बहरे थे और चार्ल्स डिकेन्स लँगड़े। होमर अंधे और प्लेटो कुबड़े। सर वाल्टर स्कॉट लकवे के शिकार थे।

35 दुःख से भी भारी है अपेक्षा

हम अपने जीवन में इच्छाओं के उत्पन्न होने से उतने दुःखी नहीं होते, जितने कि अपेक्षाओं के कारण होते हैं।

भगवान गौतम बुद्ध ने लंबी साधना के बाद यह निष्कर्ष निकाला कि यह जीवन दुःखमय है और दुःख का कारण है–इच्छाएँ, जिसकी आजकल भरमार होती जा रही है। इच्छाओं का संबंध हम आमतौर पर भौतिक वस्तुओं से ही लगाते हैं, जैसे कि कार और बंगले की इच्छा, विदेश जाने की इच्छा तथा घर के आँगन में धन के वृक्ष के होने की इच्छा आदि–आदि।

भौतिक इच्छाओं से भी अधिक दुःखदायी और खतरनाक होती है–मनोवैज्ञानिक इच्छाएँ। हालाँकि भौतिक इच्छाएँ भी अपने आरंभिक दौर में होती तो मनौवैज्ञानिक ही हैं, क्योंकि इनका जन्म हमारे मन में ही होता है, लेकिन वे इस मायने में मनोवैज्ञानिक इच्छाओं से भिन्न हैं कि उन्हें साकार किया जा सकता है, पूरा किया जा सकता है। किन्तु मनोवैज्ञानिक इच्छाओं को नहीं। अब यह तो स्वाभाविक ही है कि जो इच्छा पूरी ही न की जा सके, वह ज्यादा दुःखदायी होगी, अधिक खतरनाक होगी।

'अपेक्षा' और 'कल्पना', ये दो ऐसे भाव हैं, ऐसी मनोवैज्ञानिक स्थितियाँ हैं, जिन्होंने हमारे तिल से दुःख को ताड़ बना दिया है। यहाँ तक कि यदि तिल नहीं है, तो सीधे ताड़ उगा रखा है। सच तो यही है कि हम अपने जीवन में इच्छाओं के उत्पन्न होने से उतने दुःखी नहीं होते, जितने कि अपेक्षाओं के कारण होते हैं। एक गेटकीपर या चपरासी ने एक बड़े

अफसर को पहचान न पाने के कारण नमस्ते नहीं की। अफसर ने दफ्तर में पहुँचकर उसके निलंबन का आदेश निकाल दिया। यह घटना काल्पनिक नहीं, बल्कि सच है। उस अफसर को अपेक्षा थी कि चपरासी उसे देखते ही सेल्यूट मारेगा। उसने नहीं मारा और बिचारा मारा गया।

यदि आप पति-पत्नी के विवादों की गहराई में जाकर देखें, तो आपको बड़ी मजेदार बातें पता चलती चलेंगी। सिनेमा देख-देखकर, साहित्य बाँच-बाँचकर तथा कथा, किस्से, कहानियाँ और शेर-ओ-शायरियाँ सुन-सुनकर सात जन्मों तक साथ निभाने की कसमें खाने वाला यह तथाकथित आदर्श जोड़ा अपने-अपने अंदर एक-दूसरे के लिए कुछ ऐसी-ऐसी विचित्र अपेक्षाएँ पाल लेता है, जिनकी भ्रूण-हत्या होनी निश्चित है और जब ऐसा होता है, जो होना ही है, तो ये दुःखी होते हैं। उसे ऐसा करना चाहिए था, इसे यह कहना चाहिए था, जैसी सोच ने पति-पत्नी के सबंधों में ऐसी सेंध लगा रखी है कि सुख के सारे साधनों के होते हुए भी वह नदारद हैं। जो है, वह दिख नहीं रहा है। जो चाहिए, वह मिल नहीं सकता। तो फिर इस गणित के गुणाफल को शून्य तो होना ही है।

और इससे भी मजेदार बात यह है कि हम लगातार दूसरों से अपेक्षाएँ करते चले जाते हैं, उन्हें बढ़ाते चले जाते हैं, बावजूद इसके कि हम स्वयं दूसरों की अपेक्षाओं पर खरा उतरने के लिए कुछ नहीं करते। हम इस ओर ध्यान ही नहीं देते।

यहाँ एक यह प्रश्न अपने-आप उठ खड़ा होता है कि तो क्या बिना अपेक्षाओं के मानवीय संबंधों का आधार ही नहीं खिसक जाएगा? हम जिस तरह का जीवन अब तक जीते आए हैं, यह आशंका उसी जीवन-पद्धति के गर्भ से पैदा हुई है। चमगादड़ की तरह हम भी भ्रम में हैं कि "आकाश को हम ही ने थाम रखा है।" सच इसके ठीक विपरीत ध्रुव पर स्थित है और वह यह है कि जब हम अपने संबंधों के बीच से अपेक्षा को निकाल देते हैं, तभी वे संबंध शुद्ध संबंध कहलाने के हकदार होते हैं। यदि कोई लड़की किसी लड़के से विवाह करने की उम्मीद करके प्रेम करती है, तो वह प्रेम नहीं, बल्कि एक प्रयास है, शादी के लिए किया

जाने वाला प्रयास। क्या आप मेरी इस बात से सहमत नहीं हैं? मैं जानता हूँ कि आप सहमत नहीं होंगे, क्योंकि फिलहाल हमारे परंपरागत मस्तिष्क के लिए इससे हटकर सोच पाना काफी मुश्किल काम है। मेरा निवेदन है कि सोचने का प्रयास करें। शायद कोई नई चिंगारी चमके।

बिना इस नई चिंगारी के आनंद की सूरत नज़र नहीं आती। हमें अपनी चेतना को बदलना होगा और उसमें सोचने-समझने की जो पुरानी सीडी डली हुई है, उसे निकालकर एक नई सीडी डालनी होगी। बात उसे सुधारने से नहीं बनती है, क्योंकि सब कुछ इतना सड़-गल चुका है कि थेगली लगाकर इस रजाई की रक्षा नहीं की जा सकती।

♦♦♦

यहूदी मान्यता में 'तालमुड' के अनुसार ईश्वर गर्भ में हर बच्चे के पास एक व्यक्तिगत फरिश्ते को भेजता है, जो हमें वह सारा ज्ञान देता है, जिसे जानने की जरूरत पड़ेगी और फिर हमारे जन्म लेने से ठीक पहले अपनी ऊँगली से हमारी नाक और ऊपरी होंठ के बीच हल्के से दबाता है और हम उसका सिखाया सब कुछ भूल जाते हैं। इसलिए यह हिस्सा थोड़ा दबा हुआ-सा होता है, जिसे शरीर-विज्ञान की भाषा में 'फिलट्रम' कहते हैं।

अजीब मान्यता है यह। पहले सिखाया और फिर सब कुछ भुला दिया। ऐसा क्यों? ऐसा इसलिए, क्योंकि सीखने का सबसे अच्छा तरीका है, खुद सीखना, उससे खुद गुजरना। यह भी कि यदि कोई चीज एक बार सीख ली जाए, तो उसे दुबारा सीखना आसान हो जाता है। ईश्वर मदद करते हैं- ''मैं तुम्हें मंजिल के बारे में यात्रा शुरू करने से पहले ही बता देता हूँ, ताकि जब तुम वहाँ पहुँचो, सब कुछ जाना-पहचाना और आसान लगे।''

36 भावों का जीवन ही जीवन है

जीवन वह नहीं है, जो जिया जाता है, बल्कि उससे कहीं अधिक जीवन वह है, जिसे हम जीना चाहते हैं।

सवाल इस बात का है ही नहीं कि "यदि मेरे पास जीवन की सारी सुख-सुविधाएँ आ जाएँ, तो मुझे दुनिया और भी सुहावनी लगने लगेगी।" हम सब यही तो सोचते हैं। खासकर वे लोग तो सोचते ही हैं, जिनके पास इस तरह की सुख-सुविधाएँ नहीं हैं, लेकिन दुर्भाग्य यह है कि जिनके पास ये सब हैं, उनके पास तो इस तरह की बात सोचकर एक आशा में जीने की संभावना भी समाप्त हो जाती है।

जीवन वह नहीं है, जो जिया जाता है, बल्कि उससे कहीं अधिक जीवन वह है, जिसे हम जीना चाहते हैं। जिनके पास अभाव है, उनके पास जीने की संभावना भी है, लेकिन जो अभावों से उबर गए हैं, वे बेचारे तो इससे भी कहीं अधिक दयनीय स्थिति में हैं, क्योंकि उनके पास चाहने के लिए अब कुछ भी नहीं रह गया है। वे क्या करें?

सचमुच में इस बात पर विश्वास करना आसान नहीं होगा कि दुःखों का अभाव भी एक बहुत बड़ा दुःख होता है। जब अभाव होता है, तो उससे मुक्त होने का भाव रहता है, कर्म की प्रेरणा रहती है और जो कुछ भी हमारे सामने रहता है, लगता है कि उससे परे भी बहुत कुछ है। शायद उससे परे जो कुछ है, वह इस सामने के उद्देश्य से कहीं बेहतर होगा और इसी बेहतर होने की आशा में हम लगे रहते हैं, कुछ करते रहते हैं; इस बात को पूरी तरह से बिसराकर कि कुछ बेहतर होगा भी या नहीं।

इस भौतिक प्रधान दुनिया में, जबकि सारी उपलब्धियों का मूल्यांकन पदार्थों के आधार पर होने लगा है, इस बात को समझना कम महत्त्वपूर्ण नहीं है कि क्या मूल्यांकन का कोई आंतरिक या वायवीय या अदृश्य आधार भी हो सकता है; एक ऐसा आधार, जो दिखाई नहीं देता, लेकिन दिखाई देने वाले आधारों से कई गुना अधिक मूल्यवान होता है। 'आशा' और 'आस्था' इन्हीं मूल्यवान आधारों में से हैं। मुझे लगता है कि शायद गौतम बुद्ध ने इसीलिए अपने राज्य को छोड़ा होगा, क्योंकि उसमें उन्हें भविष्य की कोई किरण दिखाई नहीं दी होगी। ऐसा लग रहा होगा, जैसे सब कुछ थम-सा गया है और करने के लिए कुछ नहीं रह गया है। जब करने के लिए ही कुछ नहीं रह गया, तब फिर जीने का मतलब ही क्या है और जैसे ही जीने का मकसद खत्म होता है, सही मायने में जीना ही खत्म हो जाता है। ऐसे में हम जीकर भी नहीं जीते।

आज के समाज में और व्यक्ति के मन में जो एक बहुत बड़ा टकराव और द्वन्द्व खड़ा हो गया है, उसका एक बहुत बड़ा कारण भावों को निरस्त करके तर्क द्वारा उसके स्थान को लिया जाना है। तर्क को प्रमाण चाहिए। भाव प्रमाणहीन होते हैं। तर्क बुद्धि का विषय है और भाव हृदय का। विज्ञान तर्क को रूप देने में कामयाब होता जा रहा है। कम्प्यूटर और रोबोट इसी के परिणाम हैं, लेकिन अभी तक इस बात के तनिक भी संकेत नहीं मिले हैं कि वह तर्क का जन्मदाता होने के साथ-साथ भावों का संचारकर्ता भी बन सकता है। आगे क्या होगा, नहीं मालूम, लेकिन लक्षण कुछ विशेष अच्छे दिखाई नहीं दे रहे हैं।

हमारे जीवन के लिए इस बात को समझना बहुत जरूरी है कि हम किस प्रकार तर्क और भावों में एक संतुलन स्थापित रख सकें। तर्क से हमें बाहरी उपलब्धियाँ मिलती हैं, जबकि भावों से हमें आंतरिक उपलब्धियाँ प्राप्त होती हैं और ये आंतरिक उपलब्धियाँ किसी भी मायने में बाहरी उपलब्धियों से कम या छोटी नहीं होतीं। वैसे भी हमें यह स्वीकार करना चाहिए कि छोटी-छोटी बातों से ही सम्पूर्णता प्राप्त होती है और सम्पूर्णता प्राप्त कर लेना कोई छोटी बात नहीं होती। इसलिए यदि जीवन में संतुलन

बनाकर रखना है, तो बहुत जरूरी है कि हम भौतिक उपलब्धियों के साथ-साथ जीवन में आशा और आस्था के तत्त्वों को भी बनाकर रखें अन्यथा जीवन एक सुनसान रेगिस्तान के सिवाय कुछ नहीं रह जाएगा।

इसमें सन्देह नहीं किया जाना चाहिए कि भावों की दुनिया सबसे समृद्ध दुनिया होती है। इसकी विचित्रता यह है कि यह जिसके पास थोड़ा-सा भी होता है, वह गरीब नहीं हो सकता और यह जिसके पास बहुत ज्यादा होता है, वह कोई बहुत अमीर नहीं होता। यहाँ इस तरह का कोई छोटा-बड़ा और कम-अधिक का चक्कर है ही नहीं। यह तो बस है तो है और नहीं है तो नहीं है।

बहुत से लोग अक्सर यह गलती करते हुए पाए गए हैं कि वे अपनी भावनाओं की दुनिया को भौतिकता की दुनिया से जोड़ लेते हैं। आज का बाज़ारवाद हमें सिखा भी यही रहा है कि यदि "आप रेमण्ड के सूट पहनेंगे तो आपकी प्रेमिका आपको चाहेगी।" इससे बड़ा झूठ भला और क्या हो सकता है। तब तो वह रेमण्ड को चाह रही है, प्रेमी को नहीं। भावों की दुनिया को इस भयावह मायाजाल से बचाने की निहायत ही ज़रूरत है। सुविधाएँ और साधन कभी भी आनन्द के आधार नहीं बन सकते।

◆◆◆

जहाँआरा (औरंगजेब की बहन) ने सूफी मत अपनाया। उनकी कब्र दिल्ली के निकट हजरत निजामुद्दीन औलिया की दरगाह के पास ही है। यह कब्र छतविहीन है, जिसे चारों ओर से संगमरमर से पक्का कर दिया गया है। लेकिन बीच का भाग कच्चा है, जिस पर हरी घास और झाड़ियाँ लगी हुई हैं। कब्र पर फारसी में लिखा हुआ है-"मेरी कब्र को मत ढँकना, ताकि हरी घास की रक्षा हो सके।"

37 बिन आशा सब सून

हम जो हैं, उसे नहीं जीते, बल्कि हम उसे जीते हैं, जो नहीं है और हम आशा रखते हैं कि वह होगा या होना चाहिए।

कभी-कभी जब हम एकान्त मन से या कि उदास भाव से या कि अपने ही कहीं गहरे उतरकर यह सोचते हैं कि हम जीवन क्यों जी रहे हैं, कैसे जी रहे हैं, तो हमारे पल्ले कुछ भी नहीं पड़ता, क्योंकि इसके उत्तर इतने अलग-अलग होते हैं कि उनमें से किसी एक को सही कह पाना बहुत मुश्किल हो जाता है और यदि हम सभी को सही कहें, जो कि लगभग सही होते भी हैं, तो फिर सोचने का मतलब ही नहीं रह जाता। सोचने का तो मतलब ही है कि दूध को मथकर उसका सार निकाल लेना, लेकिन यदि यह नवनीत निकले ही नहीं, या फिर सारा दूध ही नवनीत मालूम पड़ने लगे, तो फिर मथने का श्रम करने का अर्थ ही क्या रह जाएगा?

सबके पास जीवन का अपना-अपना मकसद है। अपने-अपने तर्क हैं और अपने-अपने आधार हैं। मुझे ऐसा लगता है कि कम-से-कम मैं तो जीवन इसलिए नहीं जी रहा, क्योंकि मेरे पास जीवन है। बल्कि इसलिए जी रहा हूँ, क्योंकि मेरे पास आशा है। यानी कि आशा ही जीवन है। यहाँ जब मैं यह कह रहा हूँ कि ''आशा ही जीवन है'', तो इसका यह अर्थ नहीं लगाया जाना चाहिए कि निराशा ही मृत्यु है। निराशा मृत्यु नहीं है। निराशा तो मृत्यु की प्रक्रिया है और मृत्यु नये जीवन की शुरुआत है। इसलिए जीवन के विरोध में मृत्यु कहना तो ठीक है, किन्तु आशा के विरोध में निराशा कहना ठीक नहीं। यदि हम इस तरह का कोई दूसरा नकारात्मक वाक्य बनाना ही चाहते हैं, तो

हमें कहना चाहिए कि जहाँ आशा समाप्त होती है, वहाँ जीवन थम जाता है। मैं दोहराना चाहूँगा कि "जीवन थम जाता है," न कि "जीवन नष्ट हो जाता है।" थमना एक बात है और नष्ट हो जाना अलग बात है। थमने में चलने की संभावना रहती है, जबकि नष्ट होने में नहीं। हाँ, नष्ट होने में कुछ नया अंकुरित होने की संभावना अवश्य होती है।

तो जीवन का अर्थ ही हुआ–आशा। यह आशा कैसी भी हो सकती है। हो सकता है कि यह कभी पूरी न हो। हो सकता है कि आधी पूरी हो और आधी पूरी न हो। कुछ भी हो सकता है, लेकिन महत्त्वपूर्ण बात यह नहीं है कि वह पूरी होती है, या आधी रहती है, महत्त्वपूर्ण बात यह है कि वह है। उसकी उपस्थिति ही सब कुछ है। उसके होने में ही जीवन का सर्वस्व है, क्योंकि हम जो हैं, उसे नहीं जीते, बल्कि हम उसे जीते हैं, जो नहीं है और हम आशा रखते हैं कि वह होगा या होना चाहिए।

यह हमारी अपनी कल्पना की दुनिया होती है। यह आशा और आस्था की दुनिया होती है। इसके रचयिता हम खुद होते हैं। इसके एक-एक दृश्य और एक-एक रंग हमारे हाथों द्वारा भरे गए होते हैं। इसीलिए यह पूरी तरह हमारे मनोनुकूल होता है। हम जैसा चाहते हैं, वैसा ही उसे रचते हैं। यह हमारी मानसिक जगत की दुनिया है, काल्पनिक जगत की दुनिया है और आशा की दुनिया है। यह बहुत ही कोमल और छरहरी दुनिया होती है। हमारा इससे इतना अधिक लगाव होता है कि यदि हम अपने धुले हुए हाथों से भी इसे छू दें, तो शायद उसके चेहरे पर गंदगी का धब्बा उभर आयेगा। इसलिए इसमें हमारे अतिरिक्त किसी भी अन्य का प्रवेश वर्जित होता है।

लोग पागल कहेंगे, जब आप इस दुनिया के बारे में दुनिया वालों को बताएँगे। कहने दीजिए उन्हें पागल। क्या पागल बन जाना ही अपने आपमें एक बहुत बड़ी बात नहीं है। पागलपन, जिसे सूफी कवियों ने 'मस्ती' कहा है, वह मस्ती क्या है ? क्या अकारण प्रसन्नता को ही मस्ती नहीं कहा जा सकता ? कोई कारण नहीं, कोई आधार नहीं, फिर भी हम प्रसन्न हैं। तो यही तो है मस्ती। कोई दुनिया नहीं, कोई वस्तु नहीं, फिर भी है आशा, यही तो है जीवन।

महान दार्शनिक बन्ट्रेड रसेल ने अपनी आत्मकथा में एक बहुत ही

खूबसूरत बात लिखी है। वे लिखते हैं कि "मैं नहीं जाना चाहूँगा किसी जन्नत में कि किसी स्वर्ग में, क्योंकि वह बात बहुत उबाऊ होगी।" आखिर क्या गहराई है रसेल की इस बात में? शायद यही न कि यदि स्वर्ग में पहुँच गए, तो फिर बचेगा ही क्या? स्वर्ग में जाने का अर्थ है-आशा का समाप्त हो जाना। जहाँ कल्पवृक्ष हो, कामधेनु हो, चिन्तामणि हो, वहाँ आशा के लिए अवकाश ही कहाँ रह जाता है। जब सब कुछ है, तो फिर आप आशा ही किसकी करेंगे और जब आशा ही नहीं है, तो फिर जीवन कहाँ से आएगा। शायद यही कारण रहा हो कि हमारे देवता स्वर्ग की सम्पन्नता से ऊबकर, स्वर्ग की इस आशारहित स्थिति से परेशान होकर अवतार के रूप में इस धरती पर आते हैं, ताकि एक बार फिर से आशायुक्त जीवन जी सकें। अन्यथा स्वर्ग के वसन्त को छोड़कर इस धरती की गर्मी और सर्दी को भोगने के लिए उन्हें यहाँ आने की क्या पड़ी है। शायद आशा प्राप्त करने की आशा ही उन्हें खींचकर बार-बार इस धरती पर लाती रहती है और शायद आगे भी लाती रहेगी।

आशा का एक बहुत ही जबर्दस्त सकारात्मक पहलू होता है। यह पहलू कर्म का पहलू है, ऊर्जा का पहलू है। 'कुछ हो जाएगा', की आशा हमसे कुछ-न-कुछ कराने भी लगती है। यह आशा सक्रियतावाद की आशा है, निष्क्रियता की नहीं, भाग्यवाद की नहीं। यह आशा हमें कर्म की ओर धकेलकर हमारे अन्दर के अंगार को उकेरकर उस पर लगातार पंखा झलती रहती है। धीरे-धीरे वह अंगार शोले का रूप लेकर हमें एक जबर्दस्त ऊर्जा से भर देती है। यही ऊर्जा हमें सक्रिय करके जीवन के प्रति आस्था और आनन्द से जोड़ देती है।

◆◆◆

लुई कैरोल की पुस्तक 'एलिस इन वंडरलैण्ड' में एलिस एक बिल्ले से मिलती है। वह बिल्ले से रास्ता पूछती है - "मैं अब कहाँ जाऊँ।" बिल्ला कहता है-"जहाँ जाने का तुम्हारा मन करे।" एलिस कहती है- "वैसे मुझे इसकी कोई ज्यादा परवाह नहीं है कि मैं कहाँ जाऊँ।" इस पर बिल्ला कहता है-"तब तो कोई फर्क नहीं पड़ता, तुम कहीं भी जाओ।"

38 खुद से भयभीत हम

आदमी सबसे अधिक अपने आपसे ही भयभीत रहता है। दूसरे तो एक प्रकार से दर्पण का काम करते हैं, जो हमारे ही चेहरे को दिखाते हैं।

मैंने अभी तक जितने भी लोगों से बात की और उनसे उनके भय का कारण जानना चाहा, तो लगभग सभी ने कोई-न-कोई बाहरी कारण ही बताए। एकाध ही कोई सिरफिरा होगा, जिसने यह कहा हो कि "वह स्वयं से ही भयभीत है। उसे खुद से डर लगता है।" इस सिरफिरे आदमी की बात सुनकर हर कोई उसे पागल ही समझेगा। यदि पागल नहीं, तो कम-से-कम उसे यह तो जरूर ही सलाह दे देगा कि तुम किसी मनोचिकित्सक से मिलो। यह सलाह कोई गलत भी नहीं है, क्योंकि यह एक प्रकार की बीमारी भी है, लेकिन मैं यहाँ इस बीमारी की बात नहीं कर रहा हूँ, बल्कि मैं उस सामाजिक और मनोवैज्ञानिक सच्चाई की बात कर रहा हूँ, जिससे लगभग हम सभी ग्रसित हैं, बिना यह जाने कि हम इससे ग्रसित हैं।

सोचते चले जाइए। अपने बारे में बहुत निर्ममता के साथ विश्लेषण करते चलिए। अपनी ही चेतना की झील में डुबकी लगाइए और फिर लगातार नीचे और नीचे, गहरे और गहरे, बहुत गहरे उतरते चले जाइए। जितना भी गहरे जा सकें, जाने की कोशिश कीजिए। अपनी आँखें खुली रखें और पूरी तरह होशो-हवास में रहते हुए स्वयं से केवल दो प्रश्न पूछिए। पहला तो यह कि "क्या मैं भयभीत हूँ?" दूसरा यह कि "मैं किससे भयभीत हूँ?" पहले प्रश्न का उत्तर आपको यही मिलेगा कि "हाँ तुम भयभीत हो" तथा

दूसरे प्रश्न का उत्तर यह मिलेगा कि "तुम सबसे अधिक स्वयं से भयभीत हो।" लेकिन यह दूसरा उत्तर आपको तभी मिलेगा, जब आप अपने बहुत गहरे उतरेंगे। अन्यथा तो ऊपरी सतह पर आपको यही उत्तर मिलता रहेगा कि "तुम इसके कारण भयभीत हो, तुम उसके कारण भयभीत हो।" ये उत्तर गलत तो नहीं हैं, लेकिन पूरी तरह सही भी नहीं हैं। अब यह जरूरी तो नहीं कि जो बात गलत नहीं है, वह पूरी तरह सही ही हो।

विश्वास मानिए कि सचमुच में यदि कोई व्यक्ति भयभीत है (जो वह होता ही है), तो उसका कारण वह स्वयं होता है। आदमी सबसे अधिक अपने आपसे ही भयभीत रहता है। दूसरे तो एक प्रकार से दर्पण का काम करते हैं, जो हमारे चेहरे को दिखाते हैं, लेकिन क्या दर्पण में दिखाई देने वाला हमारा अपना ही चेहरा दर्पण में होने के कारण हमारा नहीं रह जाता? यह सोचने की बात है। हमारी अपने अंदर की कमजोरियाँ, चाहे वे कुछ भी हों, हमारे भय का कारण होती हैं। अन्यथा दुनिया की ऐसी कोई ताकत नहीं है, जो हमें भयभीत कर सके।

मृत्यु का भय सबसे बड़ा भय है। यह मृत्यु किससे जुड़ी हुई है? यह उसी से जुड़ी हुई है, जो मृत्यु को लेकर भयभीत है। यहाँ तक कि दूसरे की मृत्यु से भयभीत होना भी हमारी अपनी मृत्यु के भय से ही जुड़ा होता है या तो दूसरे की मृत्यु हमें हमारी मृत्यु का विश्वास दिलाकर हमें भयभीत कर देती है, या फिर उसकी मृत्यु से हमारे जीवन में जो शून्य पैदा होगा, उसका भय हमें भयभीत कर देता है, लेकिन यह भय होता हमसे ही है।

हमें कोई दूसरा नहीं डराता। हमें दूसरा कोई तब तक डरा ही नहीं सकता, जब तक कि हम डरना नहीं चाहें और जब हम डरना चाहते हैं, तो सबसे अधिक हम अपने आपसे ही डरते हैं। यदि ऐसा नहीं होता, तो सोचकर देखिए कि अकेला आदमी भला क्यों भयभीत होता? अकेले आदमी को तो भयभीत होना ही नहीं चाहिए, क्योंकि उसका अनिष्ट करने वाला वहाँ दूसरा कोई है ही नहीं, लेकिन यदि व्यक्ति सबसे अधिक डरता है तो उस समय, जब वह अकेला रहता है। बहुत बड़ा महल है, लेकिन उसमें यदि रहने वाला व्यक्ति अकेला है, तो वह डरेगा। बहुत बड़ा मैदान है–पूरी

तरह निर्जन। दूर-दूर तक कोई भी जन नहीं है, तो व्यक्ति डरेगा किससे? सोचकर देखिए कि जब दूसरा कोई है ही नहीं, तो फिर डर किससे? क्या यह डर स्वयं से ही नहीं है, क्योंकि वहाँ वह ही अकेला मौजूद है।

फिर वह इस अकेलेपन के डर से मुक्ति पाने के लिए करता क्या है? वह गाना गाने लगेगा। वह सीटी बजाने लगेगा। वह सिगरेट सुलगा लेगा या कि कुछ और हरकतें करेगा। ये सारी हरकतें स्वयं को केवल यह विश्वास दिलाने के लिए होती हैं कि वहाँ केवल वह ही नहीं है, बल्कि कोई और भी है। इस प्रकार वह किसी और को लाकर अपने भय से मुक्त होना चाहता है। यदि यह सच है, तो फिर यह सच कैसे हो सकता है कि कोई दूसरा व्यक्ति हमारे भय का कारण है। मेरा निवेदन है कि इस बात पर थोड़ा गौर फरमाएँ।

यदि एक बार यह बात आपको अच्छी तरह से समझ में आ गई, तो आप पाएँगे कि आपके अन्दर से धीरे-धीरे भय की गहनता और सघनता कम होती जा रही है। वस्तुतः भय होता ही है अज्ञान का, इस अज्ञान का कि हम जानते ही नहीं हैं कि हम सचमुच में भयभीत हैं किससे। बस इतना ही जानते रहते हैं कि हम भयभीत हैं और यदि यह भी जानने लगते हैं, तो गलत जानते हैं। भय है, लेकिन भय का सही कारण ज्ञात नहीं है।

और हमें इस सच्चाई से मुँह नहीं मोड़ना चाहिए कि भय का भाव हमारी सारी सकारात्मक शक्तियों और क्षमताओं को पंगु बना देता है। यह हमारी चेतना और शरीर; दोनों के लिए एक जबर्दस्त पक्षाघात की तरह है, जिससे मुक्ति पाए बिना भलाई नहीं हो सकती, न खुद की और न ही दूसरों की।

◆◆◆

पोलैंड के तीसरे प्रधानमंत्री तथा विश्वविख्यात पियानो वादक इग्नेगी जेन पादेरवस्की के अनुसार 'यदि आप एक दिन रियाज नहीं करते, तो यह आपको पता रहता है। यदि आप दो दिन रियाज नहीं करते, तो समीक्षक को पता चल जाता है और यदि आप तीन दिनों तक रियाज़ नहीं करते हैं, तो श्रोताओं को पता चल जाता है।'

39 सत्य और वास्तविकता का सच

सच वह नहीं है, जो हुआ। बल्कि सच वह है, जो होना चाहिए था, लेकिन हुआ नहीं।

आम बोलचाल में हम सभी 'सत्य' और 'वास्तविकता' शब्दों का इस्तेमाल एक ही अर्थ में करते हैं। सदियों से चले आ रहे हमारे इस उपयोग ने हमें इस बात के प्रति आश्वस्त कर दिया है कि जो वास्तविक होगा, वही सत्य होगा। सड़क पर दो गाड़ियाँ टकरा गईं। यह वास्तविकता है और दो गाड़ियाँ टकरा गईं, यह सच भी है। तो क्या सचमुच में ये दोनों ही शब्द एक-दूसरे के पर्यायवाची हैं?

देखिए, मेरा उद्देश्य यहाँ शब्दों का विश्लेषण करना बिल्कुल नहीं है। बल्कि शब्दों के माध्यम से हमारी चेतना के स्वरूप को समझने और समझाने का है, ताकि हम इन शब्दों के सही इस्तेमाल के द्वारा अपने जीवन में एक सकारात्मक परिवर्तन ला सकें। हम शब्दों के माध्यम से सोचते हैं और बात बहुत साफ है कि हम जैसा सोचते हैं, वैसा ही करते हैं। फिर जैसा करते हैं, वैसा बन भी जाते हैं। तो फिर भला हमें शब्दों के अर्थों की उपेक्षा क्यों करनी चाहिए? तो आइये, इन दोनों शब्दों के अर्थों को जानकर उसे सही रूप से व्यवहार में लाने की ओर बढ़ें।

वास्तविकता वह है, जो हुआ। जो घटना घटी, वह वास्तविकता है। इसे ही हम यथार्थ कहते हैं। यह पूरी तरह से भौतिक जगत में घटती है और हमें साफतौर पर दिखाई भी देती है। इस धरती पर अच्छी और बुरी जितनी घटनाएँ घट रही हैं, वे सब वास्तविकताएँ हैं। प्रेम हो रहा है। झगड़े हो रहे हैं।

युद्ध हो रहे हैं। समझौते हो रहे हैं। चूँकि ये सब हो रहे हैं और हम सब इसके साक्षी हैं, इसलिए ये वास्तविकताएँ हैं। अमेरिका ने ईराक पर आक्रमण किया। यह वास्तविकता है, लेकिन क्या यही इसका सच भी है?

सच वह नहीं है, जो हुआ। बल्कि सच वह है, जो होना चाहिए था, लेकिन हुआ नहीं। यह कहना ज्यादा सही होगा कि सच तो अधिकांश मामलों में होता ही नहीं है। अमेरिका ने इराक पर आक्रमण करने का एक कारण दिया। कारण यह था कि इराक रासायनिक हथियार बना रहा था, जिससे विश्व-शांति को खतरा है। इस वास्तविकता का सहारा लेकर वह खुद इराक के लिए खतरा बन गया, लेकिन सच यह नहीं है। इसके पीछे सच्चाई कुछ दूसरी थी। कहीं तेल पर अधिकार करने का मामला था, तो कहीं अपना चौधरीपना स्थापित करने का मामला था। कहीं धर्म की बात थी, तो कहीं आर्थिक लाभ की। तो ये थे सच, लेकिन बताने वाला सच यह था कि यह सारा युद्ध दुनिया की शान्ति के लिए लड़ा जा रहा है।

युद्ध कभी भी सच नहीं होता, चाहे वह तत्कालीन समय की कितनी भी बड़ी वास्तविकता क्यों न हो, क्योंकि युद्ध का एक कटु सच है-विनाश। महाभारत में भारत की अठारह अक्षौणी सेना ने भाग लिया और जब युद्ध समाप्त हुआ, तो अन्त में दस लोग भी नहीं बचे थे। इस युद्ध में पाण्डवों की जीत हुई थी। शेष सारे मारे गए। केवल सात लोग बचे। तो फिर यह जीत हुई या हार, आप खुद इस सच को जानने की कोशिश कीजिए। फिर ये बचे हुए लोग भी हिमालय पर जाकर नष्ट हो गए। श्रीकृष्ण बहेलियों के हाथों मारे गए तो क्या आपको इस वास्तविकता के प्रति संदेह नहीं होता कि "रक्षा के लिए युद्ध किया जाता है।"

तो फिर बात वही कि यदि युद्ध का अन्तिम सच शान्ति और रक्षा है, तो फिर क्या इस सच्चाई को युद्ध की वास्तविकता के जरिए पाया जा सकता है? इस धरती पर अब तक करोड़ों युद्ध लड़े गए हैं-बड़े से लेकर छोटे तक। राष्ट्रों से लेकर घर-घर तक। यह तो वास्तविकता है, लेकिन इस वास्तविकता ने क्या शान्ति के सच को स्थापित कर दिया है? यदि कर दिया होता, तो आगे युद्धों की आवश्यकता ही नहीं होती।

हमारे जीवन में इससे बड़े-बड़े संकट पैदा होते हैं। हम गलती से वास्तविकता को ही सच मान लेते हैं और फिर इसी वास्तविकता को जानने के लिए हम अपने-आपको झोंक देते हैं। एक व्यक्ति ने दूसरे व्यक्ति की हत्या कर दी। यह यथार्थ है, लेकिन हत्या का यह वर्णन सच नहीं है। यहाँ सच यह जानना होगा कि आखिर उसने हत्या क्यों की? जब हम 'हत्या क्यों की?', का उत्तर जान लेते हैं, तभी तो आगे होने वाली हत्याओं को रोका जा सकता है, लेकिन हम अपने-आपको हत्या करने वाले को सजा देने तक सीमित कर देते हैं। तो इसका मतलब ही हुआ कि हमने आगे होने वाली हत्याओं को रोकने के बारे में कोई सही कदम नहीं उठाया।

सच कभी भी सतह पर नहीं होता। वह बहुत गहरे होता है, बहुत ही ज्यादा गहरे और जब हम अपने जीवन में होने वाली घटनाओं को वास्तविकता के आधार पर न लेकर सच के आधार पर लेना शुरू करते हैं, तो धीरे-धीरे हमारे जीवन की जटिलताएँ समाप्त होने लगती हैं। 'सच' एक ऐसी चाबी की तरह होता है, जिससे यदि आप वास्तविकता का ताला खोल लेते हैं, तो पूरे महल की यात्रा आपके लिए सुखद हो जाती है। आपको न तो ताला तोड़ने की जरूरत पड़ती है और न ही दीवारों को फाँदने की। आपका ताला भी सुरक्षित है। इसे आप फिर से और बार-बार इस्तेमाल कर सकते हैं।

मैं समझता हूँ कि वास्तविकता और सच को हमें ताले और चाबी के रूप में ही लेना चाहिए। ऐसा करके हम सचमुच में लगातार न केवल विकास के रास्ते पर ही तेजी से बढ़ते चले जाएँगे, बल्कि जीवन का सच्चा आनन्द भी ले सकेंगे।

◆◆◆

पहले वे यहूदियों के लिये आए/और मैं कुछ नहीं बोला/क्योंकि मैं यहूदी नहीं था/फिर वे ईसाइयों के लिए आए/मैं तब भी कुछ नहीं बोला/क्योंकि मैं ईसाई नहीं था/फिर वे ट्रेड यूनियनों के लिये आए/और मैं कुछ नहीं बोला/क्योंकि मैं ट्रेड यूनियन में नहीं था/फिर वे मेरे लिए आए/और अब मेरे लिए बोलने वाला कोई नहीं था।

जर्मन कवि-पास्टर नीमोलर

40 सबका होता है अपना-अपना सच

हम सभी के अपने-अपने सत्य हैं। उनका सही होना या गलत होना अलग बात है, लेकिन वह सत्य तो है।

सत्य का झगड़ा सबसे पुराना झगड़ा है और यह आगे भी तब तक चलता रहेगा, जब तक इस धरती पर चेतना का अस्तित्व रहेगा। इसका कारण है। कारण यह है कि इसे परिभाषित नहीं किया जा सकता। कुछ मनीषियों ने ऐसा करने की कोशिश की, लेकिन वे कर नहीं सके। इसलिए उन्हें 'नेति-नेति' (ऐसा नहीं, ऐसा नहीं) कहना पड़ा। कुछ ने तंग आकर उसे 'ईश्वर' कहकर अपना पल्ला झाड़ लिया। जब किसी को 'ब्रह्म' कह दिया जाए, तो बात वहीं थम जाती है और सब कुछ 'अनुभव' पर आ टिकता है। इसका अर्थ हुआ कि यदि सत्य ब्रह्म है, या ब्रह्म ही एकमात्र सत्य है, तो सत्य एक अनुभव हुआ। यदि हम इसे मान लेते हैं, तो हमें यह भी मानना ही पड़ेगा कि जितने अनुभव होंगे, उतने ही सत्य होंगे, उतने ही ब्रह्म होंगे। यदि अनुभव एक होता, तो निश्चित रूप से पूरी पृथ्वी पर ईश्वर भी एक ही होता, लेकिन ऐसा है नहीं। सभी ने उस परम चेतना का साक्षात्कार अपने-अपने ढंग से किया है, इसलिए उसके स्वरूप भी अनंत हो गए हैं।

तो फिर क्या हम यह मान लें कि जितने अनुभव, उतने सत्य। यानी कि हर एक का अपना-अपना सत्य। सामाजिक रूप से असत्य होते हुए भी व्यावहारिक रूप से यही सत्य है। सच यही है कि हम सभी के पास अपने-अपने सत्य हैं। उसका सही होना या गलत होना अलग बात है, लेकिन वह

सत्य तो है। यहाँ आप सोच सकते हैं कि भला सत्य गलत कैसे हो सकता है? उसे तो सही ही होना चाहिए। हम-आप ऐसा इसलिए सोचते हैं, क्योंकि हमारे संस्कारों में जो सत्य रचा-बसा है, वह आध्यात्मिक जगत का सत्य है, सांसारिक जगत का नहीं। आध्यात्मिक जगत का सत्य एक हो सकता है और वह गलत भी नहीं हो सकता, लेकिन भौतिक जगत के सत्य के साथ ऐसा नहीं है। वहाँ उसके कई अलग-अलग रूप हैं और वहाँ वह सही भी है, तो गलत भी है। किसी का अपमान किया गया, यह एक सत्य है, लेकिन यह कृत्य गलत है। यानी कि घटना सत्य है, किन्तु उसका प्रभाव गलत है।

यही वह सत्य है, जिसे हम सभी प्रतिदिन जीते हैं और जिसका बात-व्यवहार में इस्तेमाल करते हैं। मुझे लगता है कि हमें इस तथ्य को अच्छी तरह समझना होगा, तभी हम शायद अपने जीवन को एक शांतिपूर्ण उदात्त रूप दे पाएँगे।

और इसकी सही समझ का न होना ही हमारे कलहपूर्ण जीवन का सबसे बड़ा कारण है। पति-पत्नी में, पिता-पुत्र में, स्वामी-नौकर में, वरिष्ठ-अधीनस्थ में आखिर तकरार की जड़ क्या है? यही न कि ये दोनों अपने-अपने सत्यों को एकमात्र सत्य मानने की जिद्द किए बैठे हैं। आप दोनों सही हो सकते हैं, लेकिन तभी तक, जब तक कि आप दोनों सत्य को अलग-अलग रूपों में देखेंगे, लेकिन अब, जबकि दोनों को मिला दिया गया है, तब दोनों के सत्य से एक तीसरा नया सत्य बनेगा। बनना ही चाहिए, लेकिन हमारी विडम्बना यह है कि हम दोनों में से कोई भी इस तीसरे नये सत्य को मानने को तैयार नहीं हैं।

विज्ञान का नियम ही है कि दो पदार्थों के संयोग से तीसरा पदार्थ बनता है, जो हो सकता है कि गुण में पूर्व के अपने दोनों पदार्थों से नितान्त भिन्न हो। हाइड्रोजन एक ज्वलनशील गैस है। आक्सीजन गैस जलाने में मदद करती है, लेकिन जब हाइड्रोजन और आक्सीजन मिलकर एक तीसरा तत्त्व पानी बनाते हैं, तब यह पानी जलते हुए को बुझाता है। यहाँ एक बिल्कुल ही नया तथा भिन्न सत्य प्रकट होता है।

हमें यही मानकर चलना चाहिए कि हम सबके अपने-अपने सच हैं

और हम सभी अपने-अपने सचों पर चलकर एक विशाल और सर्वोच्च सच तक पहुँचने की कोशिश में लगे हुए हैं। हर कोई यही कर रहा है, बावजूद इसके कि यह दूसरे को सही नहीं लग रहा है। विचार का यह बिन्दु हमें बहुत राहत देता है, बहुत ही ज्यादा। यह तानाशाही के स्थान पर दूसरे को स्वीकार करने की बहुत विशाल भावना के लिए जमीन तैयार करती है।

यहाँ एक सवाल यह उठता है कि यदि सभी के अपने-अपने सच को स्वीकार कर लिया जाए तो यह समाज, यह दुनिया चलेगी कैसे? तब तो हमेशा ही दोनों के बीच टकराव ही होते रहेंगे। सिद्धान्त के रूप में तो आपकी यह आशंका बिल्कुल सही है, लेकिन व्यवहार में ऐसा नहीं होता। ऐसा इसलिए, क्योंकि सभी के अपने-अपने सच होने के बावजूद सभी के सचों में से कुछ ऐसे सच होते हैं, जो सभी के एक जैसे होते हैं। और ऐसे एक जैसे सचों की संख्या कम नहीं होती। यह ठीक वैसे ही है, जैसे कि सभी के अपने-अपने चेहरे होने के बावजूद हम एक आम आदमी के चेहरे की परिकल्पना कर लेते हैं। समाज एक जैसे सचों, या बहुत से एक जैसे सचों का सहारा लेकर चलता है।

लेकिन जब बात व्यक्तिगत स्तर पर आती है, तब यदि हम अपने ही सच को एकमात्र सच मानने की जिद्द कर लें, तो बात गड़बड़ा जाती है। यहाँ हमें यह उदार दृष्टिकोण अपनाना चाहिए कि जैसे मेरा अपना एक सच है और यह मुझे प्रिय है, ठीक वैसे ही उसका भी अपना एक सच है, जो उसे भी प्रिय होगा। ऐसा दृष्टिकोण ही परस्पर संबंधों के बीच एक संतुलन स्थापित कर सकता है। ऐसी दृष्टि से सम्पन्न व्यक्ति को ही आनन्द के दर्शन सुलभ हो सकते हैं।

◆◆◆

एक दिन स्वप्न में मैं स्वर्ग के द्वार पर खड़ी थी। तब संत पीटर ने मुझसे कहा-"धरती पर जाओ। यहाँ झुग्गी-झोपड़ी की कोई बस्ती नहीं है।"

- मदर टेरेसा

41 सुविधा और सच में होता है टकराव

झूठ का भी एक सच होता है।

एक ओर हमारे जीवन का सत्य है। इस सत्य का अधिक-से-अधिक आश्रय लेकर हम अपने जीवन को जीने की कोशिश करते हैं। दूसरी ओर सुविधा है। हम इस सुविधा के आधार पर अपने जीवन को जीने की कोशिश करते हैं। कम-से-कम आज तो यह ही हो गया है कि हम जो कुछ भी करते हैं, उसके केन्द्र में अपने जीवन के लिए अधिक-से-अधिक सुविधाएँ जुटाना ही होता है। इससे सत्य का आधार लगातार कमज़ोर पड़ता चला जा रहा है।

कभी-कभी मन यह सोचने को बाध्य हो जाता है कि क्या सचमुच में सत्य और सुविधा में दुश्मनी है? क्या जो सत्य है, वह सुविधा बन ही नहीं सकती या कि हम सुविधा को सत्य नहीं मान सकते। या कि सत्य के जरिये सुविधा जुटाई ही नहीं जा सकती।

इन सभी प्रश्नों पर जब आप अलग-अलग विचार करेंगे, तब आप पाएँगे कि विचार तो आप सत्य और सुविधा पर कर रहे हैं, लेकिन आपको उत्तर मिल रहे हैं सामाजिक स्वरूप के रूप में। आप पूछ रहे हैं सत्य के बारे में। आप पूछ रहे हैं सुविधा के बारे में, लेकिन उत्तर मिल रहे हैं समाज के बारे में।

सच तो यह है कि सत्य और सुविधा का पालन-पोषण अपने समय की सोच की गोद में ही होता है। जैसी सोच होगी, वैसा ही उसका सत्य होगा।

जैसी सोच होगी, उसे उसी तरह की सुविधाओं की जरूरत पड़ेगी। यदि हम इस आधार पर सोचें, तो हमें लगेगा कि जब दोनों ही सच की गोद में पलने वाले जुड़वा भाई की तरह हैं, तो फिर दोनों में दुश्मनी क्यों होनी चाहिए। सच तो यही है कि इनमें दुश्मनी होनी ही नहीं थी, लेकिन वास्तविकता यह है कि कम-से-कम आज तो इन दोनों में जबर्दस्त दुश्मनी हो गई है। आज लोग यही मानने लगे हैं कि सत्य के रास्ते पर चलकर सुविधा की मंजिल तक नहीं पहुँचा जा सकता और यदि आपने इस रास्ते को बदल दिया, तो सुविधाएँ आपके पैरों तले न्यौछावर होती रहेंगी।

बात यह भले ही छोटी-सी हो, लेकिन है बहुत अधिक दुर्भाग्यजनक। हम इसे इसी रूप में देख लें कि यदि मित्रता सबसे अधिक किसी में हो सकती है, तो जुड़वाओं में और ठीक इसी प्रकार यदि दुश्मनी भी किसी में हो सकती है, तो भाइयों में ही। तो क्या यही कारण है कि आज सत्य और सुविधा में दुश्मनी हो गई है?

जिस तेजी से हमारी सामाजिक संरचना में बदलाव आ रहा है, जिस तेजी से सामाजिक मूल्य परिवर्तित हो रहे हैं और जितनी अधिक तत्परता से हमारी चेतना पर आघात किए जा रहे हैं, उससे हमारे वर्तमान समाज का स्वरूप छिन्न-भिन्न हो गया है। समाज का अर्थ ही है-समूह में रहना, लेकिन आज हम एकाकीपन की ओर बढ़ते जा रहे हैं। स्पष्ट है कि जब एक होगा, तो उसके अपने मूल्य होंगे। चूँकि वहाँ उसका मूल्य किसी अन्य से टकरा नहीं रहा है, इसलिए वह एक अधिनायकवादी मूल्य होगा, लेकिन जब अनेक होंगे, तो वहाँ जो मूल्य बनेंगे, वे इस तरह के होंगे, जो दूसरों से टकरा नहीं रहे हों। वहाँ जो मूल्य बनेंगे, उनमें समन्वय होगा, सामंजस्य होगा।

इसलिए जब सुविधा सत्य से टकराने लगेगी। तब सुविधा का सत्य के साथ तालमेल बैठा दिया जाएगा। ऐसे समाज में दोनों में मित्रता होती है, लेकिन एकाकी समाज में तो सुविधा ही सत्य बन जाता है, क्योंकि वहाँ टकराव के लिए कुछ है ही नहीं। क्या हम एक ऐसे ही समाज की ओर नहीं बढ़ रहे हैं, जहाँ सुविधाएँ सर्वोपरि हैं और सत्य है उसकी दासी।

यदि हम अपने आज की जीवन-स्थितियों का आकलन करें, तो

पाएँगे कि उसकी विडम्बनाओं के केन्द्र में मुख्य रूप से सत्य और सुविधा की दुश्मनी ही विराजमान है। चूँकि ऐसा है और व्यक्ति की प्राथमिकताओं में सुविधा का स्थान सर्वोपरि है, इसलिए वह सत्य से बिदकने लगा है। उसे लगता है कि यदि कहीं यह गले पड़ गया, तो सुविधाएँ तलाक लेकर चली जाएँगी।

लेकिन अंततः इससे मिलता क्या है? कुछ भी नहीं, सिवाय तनाव, सिवाय टकराव, सिवाय द्वन्द्व और सिवाय बिखराव के। हम यह भूल जाते हैं। बल्कि सच तो यह है कि हमें यह बताया ही नहीं गया है कि 'सत्य' कोई नैतिक या धार्मिक तत्त्व ही नहीं है, बल्कि इन सबसे कई गुना अधिक यह एक मौलिक तत्त्व है और एक बहुत बड़ा वैज्ञानिक तत्त्व भी, जिसे आप लाख चाहकर भी झुठला नहीं सकते। हमारे साथ वही होगा, जो हमने किया है और जो हमारे साथ होना ही चाहिए। यदि हमने कुछ गलत किया है, कुछ झूठ रचा है, तो हमारे साथ उसी के अनुकूल घटनाएँ घटेंगी। हम यहाँ यह भूलने की गलती कर बैठते हैं कि आखिर में झूठ का भी एक सच होता है। यदि किसी ने झूठ बोला है, तो इसका भी तो यह सच होगा कि "उसने झूठ बोला है।" ऐसी स्थिति में झूठ बोलने के कारण जो भी घटनाएँ घटनी चाहिए, वे घटेंगी। हम उससे बच नहीं सकते।

इसके बावजूद हम झूठ बोलते हैं, क्योंकि यह हमें अधिक सुविधाजनक जान पड़ता है, लेकिन हमें याद रखना होगा कि यह सुविधा स्थायी नहीं हो सकती। इसलिए उससे प्राप्त आनन्द भी स्थायी और सम्पूर्ण नहीं हो सकता।

सच का साथ देने से ही आनन्द के साथ को पाया जा सकता है।

♦♦♦

सन् 1931 में आइंस्टीन और चार्ली चैपलिन ने 'सिटी लाइट्स' फिल्म देखने के लिये लास एँजिल्स तक की यात्रा साथ-साथ की थी। भीड़ ने उन्हें पहचानकर उनका स्वागत उत्साहपूर्वक किया। इस पर चैपलिन ने टिप्पणी की थी-"लोगों ने आपका अभिवादन इसलिए किया, क्योंकि आपको कोई नहीं समझ पाता और मेरा अभिवाहन इसलिए किया, क्योंकि मुझे हर कोई समझता है।"

42 फर्क है इच्छा और आवश्यकता में

हमारे जीवन का संकट यह नहीं है कि हमारी अच्छाइयाँ बढ़ती जा रही हैं या हमारी आवश्यकताएँ बढ़ती जा रही हैं। बल्कि मूल संकट शायद यह है कि हमें यह पता ही नहीं चल पाता कि कब हमारी इच्छा आवश्यकता बन जाती है।

हमारे मन में रोज नई-नई इच्छाएँ पैदा होती हैं। एक पूरी हुई नहीं कि उससे पहले दूसरी तैयार बैठी रहती है। जीवन के विभिन्न पड़ावों में नई-नई आवश्यकताएँ भी आती-जाती रहती हैं, लेकिन हमारे जीवन का संकट यह नहीं है कि हमारी इच्छाएँ बढ़ती चली जा रही हैं या हमारी आवश्यकताएँ बढ़ती चली जा रही हैं। बल्कि मूल संकट शायद यह है कि हमें यह पता ही नहीं चल पाता कि कब हमारी इच्छा आवश्यकता बन जाती है। यह सब चुपचाप धीरे से हो जाता है और जैसे ही यह होता है, वैसे ही हमारे अन्दर कुछ-कुछ ऐसा होने लगता है कि बाहर जो कुछ भी है, वह वैसा नहीं रह पाता।

मुझे लगता है कि इच्छा का आवश्यकता में बदल जाना वर्तमान समय की सबसे बड़ी विडम्बना है। बाजारवाद का प्रभाव इतना अधिक है कि वह सबसे पहले हमारे अन्दर एक नई इच्छा के बीज बोता है। विज्ञापनों के जरिये और तरह-तरह के तरीकों से वह इन बीजों को अंकुरित करता है, पालता-पोषता है, बढ़ाता है। कुछ ही समय के बाद हमें लगने लगता है कि बिना इस इच्छा की पूर्ति के तो हमारा जीवन ही निरर्थक है। इसके बिना भला हम जी ही कैसे सकते हैं। वह एक प्रकार से हमारे जीवन का अभिन्न अंग बन जाता है, अनिवार्य वस्तु बन जाती है।

जैसे ही यह इच्छा आवश्यकता बनती है, वैसे ही उस आवश्यकता

को पूरा करने की भावना प्रबल होने लगती है। यह प्रबलता का ही कमाल होता है कि फिर हमारी आँखों के सामने से अच्छे और बुरे का भेद मिट जाता है। सच तो यह है कि हम इस भेद को खुद ही मिटा देते हैं और गांधारी की तरह अपने ही हाथों से अपनी अच्छी-भली आँखों के ऊपर पट्टी बांध लेते हैं। जब पूरी दुनिया ही धृतराष्ट्र बनी हुई हो, तो दो आँखों वाली गांधारी बनने से फायदा ही क्या है? जैसे ही विवेक पर अंधेपन की पट्टी बंधती है, जीवन में अफरातफरी का दौर शुरू हो जाता है और यह दौड़ एक ऐसी अंधी दौड़ है कि यदि हम एक बार इसमें शामिल हो गए, तो निकलने की कोई संभावना शेष नहीं रह जाती।

क्या हम सबके साथ थोड़े-बहुत अन्तर से लगभग यही नहीं हो रहा है? किसी जमाने में रोटी, कपड़ा और मकान की बात कही गई थी। ये हमारी मूलभूत आवश्यकताएँ हैं। इनमें भी हम देखते हैं कि प्राथमिकताओं का निर्धारण बहुत अच्छी तरह किया गया है। यह रोटी, कपड़ा और मकान है न कि मकान, कपड़ा और रोटी या कि कपड़ा, रोटी और मकान। रोटी पहले है। भूख पहले मिटनी चाहिए। यदि भूख और नग्नता में से एक को चुनना हो, तो हम भूख को चुनेंगे, नग्नता को नहीं, क्योंकि वह हमारी पहली आवश्यकता है। मकान अंत में आता है। मकान नहीं भी है तो चलेगा। ऐसी स्थिति में पेड़ मकान बन जाते हैं या कि पूरा आकाश ही छत बन जाता है। तो सबसे पहले है-रोटी और सबसे अंत में है-मकान।

लोक-जीवन में आज भी ये तीन शब्दों वाला यही वाक्य प्रचलित है। सभ्यता इतनी आगे निकल गई है कि न जाने क्या-क्या वस्तुएँ आविष्कृत हो गई हैं, किन्तु लाखों वस्तुओं की ऐसी सूची में अभी तक एक वस्तु भी ऐसी नहीं आ पाई है, जो इन तीन शब्दों वाली लिस्ट में जुड़ सके। साफ है कि इन तीन वस्तुओं के सिवाय किसी भी ऐसी वस्तु में इतना दम नहीं है कि वह हमारी आवश्यकता बन सके। शेष सभी अभी इच्छाएँ ही हैं और शायद आवश्यकता बन भी नहीं पाएँगी, क्योंकि आवश्यकता का संबंध इस शरीर के अस्तित्त्व से है। इच्छा का संबंध शरीर से नहीं बल्कि बाजार से है।

बाजार का अस्तित्त्व ही इसी बात पर टिका हुआ है कि वह नई-नई आवश्यकताएँ पैदा करे। खैर! आवश्यकताएँ तो वह क्या पैदा करेगा। हाँ,

आवश्यकताओं का भ्रम पैदा करने में वह ज़रूर सफल रहा है और दिन-प्रतिदिन सफल ही होता जा रहा है। शायद आगे भी सफल होता ही जाएगा। टूटे हुए बाँध के प्रबल आवेग को रोक पाना शायद अब संभव नहीं है। हम सब इस बाढ़ में अपना निजत्त्व खोकर डूब-उतरा रहे हैं। क्या कोई रास्ता है हमारे सामने? क्या कोई ऐसी डोंगी है, जिसमें बैठकर हम इस बाढ़ के पार उतर सकें?

है, वह बहुत ही छोटी-सी, प्यारी-सी डोंगी है, जिसमें बैठकर हम इस प्रलंयकारी प्रवाह के पार जा सकते हैं। यह डोंगी केवल इस बात की है कि हम अपनी इच्छा और अपनी आवश्यकता की सीमा-रेखा को बहुत अच्छी तरह पहचानने में स्वयं को सक्षम बना लें। इतना करके हम सब कुछ कर सकेंगे और इसके बिना कोई निज़ात नहीं है।

तो फिर सवाल यह है कि ऐसा करें कैसे? आप ऐसा जागरूकता से कर सकते हैं, एक निरंतर जागरूकता से। आपके मन में जब कभी भी किसी वस्तु की चाहत पैदा हो, आप इतना जरूर सोचें कि आपको उसकी जरूरत क्यों है, कितनी है और सचमुच में जरूरत है भी कि नहीं। मात्र इतना सोचना ही उस वस्तु की चाहत के प्रति आपके दृष्टिकोण में एक सकारात्मक परिवर्तन ला देगा। भले ही इसके बाद भी आप उस वस्तु का इस्तेमाल करें, लेकिन अब उस वस्तु के साथ आपका रिश्ता बदल चुका होगा और हम सबको अपने अन्दर केवल यही बदलाव तो चाहिए, जो शेष सब कुछ को बदलने की ताकत रखता है।

इसके बदलते ही आनन्द का मार्ग उन्मुक्त हो जाएगा।

◆◆◆

बास्केटबाल के महान खिलाड़ी माइकल जार्डन ने स्वीकारा है कि ''मैं अपने कैरियर में 9000 शॉट लगा चुका हूँ। मैं लगभग तीन सौ मैच हारा हूँ। 26 बार मुझ पर विश्वास करके मैच को जीतने वाला शॉट लगाने का मौका दिया गया, परन्तु मैं असफल हो गया। मैं अपने जीवन में बार-बार असफल हुआ हूँ और इसलिए मैं सफल हूँ।''

43 अच्छा क्या और बुरा क्या

क्या यह सचमुच विडम्बना नहीं है कि हम यह सोच नहीं पाते कि यदि अच्छे दिन लम्बे समय तक नहीं टिके रहते, तो फिर बुरे दिन भला कैसे टिके रह सकते हैं।

सामान्यतया हम अपने जीवन के समय को दो भागों में बाँटते हैं–पहला अच्छा समय और दूसरा बुरा समय। इसमें तो कोई दो राय नहीं है कि दुनिया का हर आदमी अच्छे समय की आकांक्षा करता है। इसी के लिए वह सारी कोशिशें भी करता है। वह जहाँ अच्छे समय को और अच्छा बनाना चाहता है, वहीं बुरे समय में भी उसकी कोशिश यही रहती है कि वह क्या कुछ ऐसा करे कि अच्छा हो जाए। कुल–मिलाकर यह है कि हम सब कुछ अच्छा–ही–अच्छा चाहते हैं, बुरा बिल्कुल भी नहीं और यही वह बिन्दु है, जहाँ अच्छा हमारे हाथ से छूट जाता है, गायब हो जाता है।

फिर यह फैसला करना भी तो आसान नहीं है कि अच्छा क्या है और बुरा क्या है? यहाँ तक कि खुद के लिए भी यह फैसला कर पाना बहुत कठिन और सच कहें तो लगभग असंभव–सा ही मालूम पड़ता है कि हमारे लिए क्या अच्छा है और क्या बुरा है? देखा तो यहाँ तक गया है कि जिसे हम अभी बुरा समझ रहे थे, वही बाद में हमारी अच्छाई का कारण बन जाता है। मुझे बस पकड़नी थी। बहुत जरूरी काम से कहीं पहुँचना था, लेकिन बस छूट गई। यह बहुत बुरा हुआ। इससे बहुत बड़ा नुकसान भी हो गया, लेकिन आधे घण्टे बाद खबर मिली कि वह बस गड्ढे में गिर गई और सवारियाँ मर गईं। तो अब आप ही बताइए कि उस समय बस का छूटना कुल–मिलाकर अच्छा रहा या बुरा?

यह भी होता है कि वही चीज, जो उस समय किसी एक दृष्टि से अच्छी थी, वही उसी समय दूसरी दृष्टि से बुरी हो सकती है। जलेबी जीभ के लिए अच्छी है, तो मधुमेह के मरीज के लिए बुरी है। एक अश्लील दृश्य, जो आँखों को अच्छा लग रहा है, चेतना के लिए बुरा हो सकता है। यह फैसला करना एक समस्या है कि क्या अच्छा है और क्या बुरा है, लेकिन हमें फैसले तो करने ही पड़ते हैं और हम करते ही हैं।

हमें अपने जीवन में इस बात को बहुत अच्छी तरह से समझना इसलिए बहुत जरूरी है, क्योंकि हम अपने साथ हुई किसी भी घटना पर तत्काल प्रतिक्रिया देते हैं और हमारी यह तात्कालिक प्रतिक्रिया हमारे निहायत ही तात्कालिक निजी लाभ और हानि पर आधारित होती है। हम इतने दूरदर्शी हैं ही नहीं कि उस घटना का मूल्यांकन एक माह या एक साल आगे के आधार पर कर सकें। दूरदर्शिता का यही अभाव हमारी बुरी घटना को अच्छा और अच्छी घटना को बुरा बनाने का कारण बन जाता है और यहीं से दुःख के बीज अंकुरित होने लगते हैं।

सच यही है कि हमारे लिए क्या अच्छा है और क्या बुरा है, यह समझना हमारे बस की बात है ही नहीं। इसे तो हमें समय पर छोड़ देना चाहिए, क्योंकि यह दोनों ही तरह से दुःख देने वाला होता है। जब अच्छा समय होता है, तो हमारा मन इस बात के प्रति आशंकित होकर एक अनजाने दुःख से भर जाता है कि पता नहीं यह अच्छा समय कितनी देर तक रहेगा। यानी कि हमारी यह सोच उस अच्छे समय को भी बुरे समय में बदल देती है। जब समय बुरा होता है, तब तो बुरा होता ही है, क्योंकि हम यह सोच ही नहीं पाते कि बादल की इन काली घटाओं के बीच कहीं-न-कहीं बिजली की तड़क भी पल रही होगी। यदि हम ऐसा सोच लें, तो उस घनघोर अंधेरे में भी हमें आशा की एक सुनहरी लकीर दिखाई देने लगेगी, लेकिन हम ऐसा करते नहीं।

क्या यह सचमुच विडम्बना नहीं है कि हम यह सोच ही नहीं पाते कि यदि अच्छे दिन लम्बे समय तक नहीं टिके रहते, तो फिर बुरे दिन भला कैसे टिके रह सकते हैं। यदि हम प्रकृति के इसी शाश्वत और सार्वजनिक नियम को समझकर उसे अंगीकार कर लें, तो हमारे मानसिक जगत में एक बहुत बड़ी

क्रान्ति घट सकती है; एक ऐसी सकारात्मक क्रान्ति, जो हमारे अन्तर्मन को कोटि-कोटि सूर्यों के प्रकाश से प्रतिभाषित कर देगी। कठिनाई के क्षणों में ही हमें सबसे अधिक मानसिक सुदृढ़ता की जरूरत होती है और ये ही वे क्षण होते हैं, जब हम सबसे अधिक कमजोर पड़ जाते हैं। यदि हमने इस सत्य को स्वीकार कर लिया, तो हमारा यह संकट लगभग-लगभग समाप्त ही हो जाएगा।

एक सच यह भी है, जिसे हमें जानना चाहिए कि जिसे हम बुरा समझ रहे हैं, वह वस्तुतः अच्छे का ही चचेरा-ममेरा भाई है। किसी की भी जिन्दगी में, फिर चाहे वह स्वयं भगवान ही क्यों न हों, अच्छा-ही-अच्छा नहीं हुआ है। वहाँ बुरा भी हुआ है। फिर भी हम कुल मिलाकर यही कहते हैं कि वह आदमी भाग्यशाली है कि उसके साथ अच्छा-ही-अच्छा हो रहा है। निश्चित रूप से वह आदमी भाग्यशाली ही है, लेकिन इसलिए नहीं, क्योंकि उसके साथ अच्छा ही अच्छा हुआ है, बल्कि इसलिए, क्योंकि या तो उसके बुरे भी अच्छे के लिए आए थे, या फिर उसने बुरों को भी अच्छों की तरह ही अंगीकार किया था। यह व्यक्ति इस प्राकृतिक सत्य को जानता है कि गर्मी के बाद बरसात आती है, तथा अमावस्या की तरह ही पूर्णिमा का भी अस्तित्व है। उसका यह ज्ञान उसे बहुत बड़ी ताकत देता है, जहाँ से धैर्य के खम्भे निकलते हैं। धैर्य के इन्हीं खम्भों पर वह अपने जीवन की खूबसूरत और खूब ऊँची ईमारत खड़ी करता है।

इस तथ्य का ज्ञान होने का अर्थ है-आनन्द का दिखाई पड़ने लगना।

◆◆◆

सनाका रोम के महान दार्शनिक और सम्राट नीरो के गुरू थे। उन्होंने नीरो को सम्राट बनाने में उसकी माँ की मदद भी की थी। नीरो को शक हो गया कि उसके राजगुरू सनाका उसके विरुद्ध षड्यंत्र कर रहे हैं। नीरो ने सनाका को राजदरबार में नस काटकर बूँद-बूँद रक्त के बहने से होने वाली मौत की सजा दी। सनाका ने घर जाकर परिवार से विदा लेना चाहा। लेकिन नीरो ने इसकी तक इजाजत नहीं दी। सनाका ने कहा-"दर्शन की पुस्तकें मँगवा दो।" उनकी यह इच्छा भी ठुकरा दी गई। तब उन्होंने अपने शिष्यों को बुलाकर कहा-"आ जाओ! हम दर्शन पर यहीं चर्चा करेंगे। इससे अच्छा अवसर भला और क्या होगा।"

44 फिजूल है तुलना करना

नीचे से देखने वालों को हम भले ही ऊँचे बैठे दिखाई दें,
लेकिन होते तो हम भी बौने ही हैं।

वैसे यदि हम देखें तो सच यही है कि सुख और दुःख का भाव मूलतः एक सापेक्ष भाव है। ये अपने-आपमें कुछ नहीं हैं। ये जो कुछ भी हैं, तभी हैं, जब इनके समानान्तर किसी और को रखकर देखा जाए। इसीलिए व्यक्ति-व्यक्ति के अनुसार सुख और दुःख की परिभाषा बदल जाती है। यहाँ तक कि एक ही व्यक्ति समय के बदलाव के साथ अपने सुखी और दुःखी होने के एहसास को भी बदलता रहता है। यदि हम हमारे मस्तिष्क में लगातर डोलने वाले इस सापेक्षता के तराजू की करामात को भाँप जाते हैं, तो सच मानिए, हम अपने-आपको बहुत कुछ सुख और दुःख की जकड़न से ऊबार सकते हैं।

मैं अपने-आपमें सुखी हूँ, लेकिन तभी तक, जब तक कि मुझे अपने से कोई अधिक सुखी व्यक्ति नहीं मिलता। ठीक इसी प्रकार क्या ऐसा भी होता है कि मैं तभी तक दुःखी हूँ, जब तक कि मुझे कोई अपने से बहुत दुःखी व्यक्ति नहीं मिलता? अक्सर ऐसा नहीं होता। मैं अपने से कम सुखी व्यक्ति को देखकर अधिक सुखी अनुभव भले न करूँ, लेकिन अपने से अधिक सुखी व्यक्ति को देखकर दुःख का अनुभव जरूर करने लगता हूँ। जबकि मुझे कुछ ऐसा दुःख नहीं है, जिसे मैं दुःखी होने का एक जायज कारण ठहरा सकूँ। एक व्यक्ति की गरीबी की परिभाषा यह भी हो सकती है कि "उस बेचारे के पास पुरानी मारुति कार भी नहीं है।"

सापेक्षता का यह जो सिद्धान्त है, ताउम्र हमारे साथ चलता रहता है। जब तक हमारे मस्तिष्क में तुलना का यह गणित उपस्थित रहेगा, तब तक मन कभी भी शान्त नहीं रह सकता। तुलना करने की सीमा इतनी असीमित है कि उस बिन्दु तक कभी पहुँचा ही नहीं जा सकता, जहाँ पहुँचकर तुलना करने की इस वृत्ति को विराम दिया जा सके।

कुछ लोग तो क्या, अधिकांश लोग तुलना करने की इस वृत्ति को ही मानव- जीवन के विकास का मूल कारण मानते हैं। मैं समझता हूँ कि वे यहाँ थोड़ी गलती कर रहे हैं। यह वृत्ति समाज के भौतिक विकास का एक महत्त्वपूर्ण कारण तो हो सकती है, लेकिन मानव-जीवन के विकास का नहीं। समाज का भौतिक विकास एक बात है और मानव-जीवन का विकास बिल्कुल ही दूसरी बात है। यह कहना तो खैर सही नहीं होगा कि इन दोनों में एकदम ही विरोधाभास है, लेकिन यह कहना भी सही नहीं होगा कि ये दोनों एक-दूसरे के पर्याय हैं। कुछ सीमा तक एक-दूसरे के सहायक भले ही हों, लेकिन प्रतिस्थापक नहीं हैं।

आज हमारा जीवन घोर सापेक्षता का जीवन हो गया है। हम अपनी सफलता और उपलब्धियों का मूल्यांकन कहीं-न-कहीं अन्य को अपने सामने रखकर करते हैं। इसके परिणामस्वरूप हम महत्त्वाकांक्षा के एक ऐसे ऊँचे शिखर पर जा बैठते हैं, जहाँ से भले ही हमें नीचे देखने पर नीचे चल रहे लोग अपने से बहुत बौने दिखाई देते हैं, लेकिन हम यह भूल जाते हैं कि नीचे से देखने वालों को हम भले ही ऊँचे बैठे दिखाई दें, लेकिन दिखते तो हम भी बौने ही हैं। साथ ही सभी से अलग-थलग भी।

किसी भी प्रकार से यदि एक बार हमारे अन्दर से सापेक्षता का यह 'कन्वर्टर' निकाल दिया जाए, तो आप देखिए कि जीवन कितना सरल, उत्सवधर्मी, उल्लासपूर्ण और आनन्ददायी हो जाएगा। हमारा यह जीवन न तो इसलिए है कि हम दूसरे से इसकी तुलना करके इसे छोटा बना दें और न ही इसलिए है कि दूसरे इससे तुलना करके हमें बेवजह ही बड़ा बना दें। सफल-असफल, अच्छा-बुरा और बड़े-छोटे को निर्धारित करने वाली यह तुलनात्मक चेतना हमारे अच्छे-खासे जीवन को नर्क बनाए हुए है।

जब तक हमारे मन में सापेक्षता का यह भाव रहता है, तब तक हम कभी भी 'स्व' में स्थित नहीं रह सकते, तब तक हम 'स्व' के भाव के अनुकूल जीवन नहीं जी सकते। यदि हम 'स्व' में ही स्थित नहीं है, यदि हम अपने स्वभाव से ही नहीं जी रहे हैं, तो फिर भला हमें यह कहने का अधिकार कैसे हो सकता है कि हम अपना जीवन जी रहे हैं। शरीर मेरा है, लेकिन जीवन मेरा नहीं है।

इसके ठीक विपरीत जैसे ही सापेक्षता का भाव जाता है, हम 'स्व' में स्थित हो जाते हैं, 'स्व' के भाव में आ जाते हैं और जब हम अपने स्वभाव के अनुकूल चलने लगते हैं, तो प्रकृति से उसका टकराव समाप्त हो जाता है। जैसे ही यह टकराव समाप्त होता है, वैसे ही जीवन की धारा अपनी पूरी चिकनाहट के साथ बिना किसी प्रयास के निर्धारित ढलान की ओर खुद-ब-खुद बहने लगती है।

क्या नदी के बहने की यही प्रयासरहित स्थिति जीवन के चलते चले जाने की सर्वोत्तम एवं आनन्दपूर्ण स्थिति नहीं है? है। यही है जीवन का सच्चा आनन्द।

♦♦♦

सुकरात ने एथेंस की अदालत में चल रहे मुकदमें के दौरान तीन भाषण दिये थे-अपनी सफाई के लिए नहीं, सत्ता के लिए। उस भाषण में उन्होंने कहा था- "यदि मेरा नाश होगा, तो मलेतस द्वारा नहीं, न अल्यूतस द्वारा ही, बल्कि संसार के ईर्ष्यालुओं और निंदकों द्वारा होगा। इन्हीं के कारण अनेक महापुरुष मारे गए हैं और अनेक अभी मारे जाएँगे। मैं उनका अंतिम शिकार नहीं हूँ।" यहाँ मलेतस एक कवि है और अल्यूतस एक राजनीतिक। जिन तीन लोगों ने सुकरात के खिलाफ मुकदमा दायर किया था, उनमें दो यही थे। तीसरा था- लाइकोनस, जो प्रवचनकार था।

45 बातचीत करें प्रकृति से

प्रकृति में ऐसा कुछ नहीं होता, जो नहीं होना चाहिए, लेकिन हमारे जीवन में अधिकांशतः वही सब होता रहता है, जो नहीं होने चाहिए।

प्रकृति का अर्थ है–प्र+कृति, अर्थात् वह, जो कृति से भी पहले हो। इसका अर्थ यह हुआ कि प्रकृति को किसी ने बनाया नहीं है। वह अपने आप ही बन गई है। बल्कि इसके उलट प्रकृति ने ही सबको बनाया है और यदि यह सच है, तो स्वाभाविक है कि हमें भी प्रकृति ने ही बनाया है। तो फिर क्या हमें इस बात को स्वीकार करने से कुछ परहेज करना चाहिए कि उसने इस धरती पर हमें वे सारी चीजें और वे सारी स्थितियाँ दी हैं, जो हमारे लिए ज़रूरी थीं ? हमें इस वैज्ञानिक सत्य की उपेक्षा नहीं ही करनी चाहिए कि यदि हमें किसी चीज की ज़रूरत थी और वह इस धरती पर नहीं है, तो फिर हम वैसे नहीं हो सकते थे जैसे कि हम हैं। हम जैसे भी हैं, ठीक वैसे ही हैं, जैसा प्रकृति हमें बनाना चाहती थी।

इसको आधार मानकर अक्सर मेरे दिमाग में यह प्रश्न कौंधता है कि तो फिर क्या ऐसा हो सकता है कि हम अपने जीवन की सारी समस्याओं का समाधान प्रकृति में ही ढूँढ़ें। क्या ऐसा नहीं हो सकता कि हमारे ज़ेहन में जितने भी प्रश्न हैं, उन सबका उत्तर हम प्रकृति से माँगें। कम-से-कम मुझे तो लगता है और मैंने परीक्षण के तौर पर इसे सही भी पाया है कि प्रकृति से हमें अपने प्रश्नों के सही, सटीक और वैज्ञानिक उत्तर मिल सकते हैं। हाँ, यह जरूर है कि यह तभी संभव है, जब हम प्रकृति से बातचीत करना सीख लें।

'प्रकृति से बातचीत करना सीखें', जैसा वाक्य निश्चित रूप से हमें एक गहरी चिन्ता में डाल देता है। प्रकृति तो मूक है। उससे भला बातचीत कैसे की जा सकती है ? मुझे यह बात सही नहीं लगती। प्रकृति मूक नहीं है। वह मुखर है-बहुत मुखर। हम सब तो थोड़ी देर के लिए चुप रह भी जाते हैं, लेकिन प्रकृति कभी भी मौन नहीं रहती। वह निरन्तर बोल रही है। बोलती ही जा रही है वह। हाँ, यह बात अलग है कि हम उसकी भाषा सुन नहीं पा रहे हैं, समझ नहीं पा रहे हैं। इसीलिए हम भी उसे अपनी बात समझा नहीं पा रहे हैं। यदि हममें प्रकृति की भाषा को समझने की जरा-सी भी क्षमता आ जाए, तो हम पाएँगे कि प्रकृति किस प्रकार एक निश्चछल एवं प्रखर बौद्धिकता वाले बालक की तरह हमसे लगातार संवाद कर रही है।

हो सकता है कि आपको मेरी यह बात थोड़ी गूढ़ लगे। हर बात; जो थोड़ी विचित्र होती है, पहले गूढ़ ही लगती है, लगभग अविश्वसनीय-सी, लेकिन जैसे-जैसे उस बात की परतें प्याज़ के छिलकों की तरह उतरती जाती हैं, वैसे-वैसे हमारे सामने उसके अर्थ की छवियाँ निखरने लगती हैं और हमें यही तो चाहिए।

प्रकृति की भाषा को समझने का पहला सूत्र यह है कि हम स्वयं के अन्दर झाँककर देखें कि हम प्रकृति से कहाँ और कितनी दूर चले गए हैं। ठीक इसके विपरीत, प्रकृति के निकट आने का प्रयास ही प्रकृति के द्वारा दिया गया पहला और स्थायी उत्तर है। जैसे ही यह पता लगे कि यहाँ हम कृत्रिम हैं, यदि वहीं हम अपने-आपको रोककर वापसी की यात्रा शुरू कर दें, तो वहीं प्रकृति हमें हँसती हुई दिखाई देने लगेगी।

नदी, नाले, पहाड़, खाइयाँ, हवा, धाराएँ, चाँद-सितारे, पेड़-पौधे, पत्तियाँ, पत्थर, तिल और ताड़ यानी कि प्रकृति में जो कुछ भी है, वे सब एक निश्चित वैज्ञानिक नियम के तहत अपना काम करते हैं। यदि हम थोड़ा-सा समय निकालें और इनकी गतिविधियों का चुपचाप गहराई के साथ अवलोकन करें, तो हमें अपने जीवन की न जाने कितनी जटिलताओं को सुलझाने वाले सूत्र मिल जाएँगे। प्रकृति में ऐसा कुछ नहीं होता, जो नहीं होना चाहिए, लेकिन हमारे जीवन में अधिकांशतः वही सब होता रहता है, जो

नहीं होना चाहिए। जबकि हम भी प्रकृति के ही तो एक अंग हैं, लेकिन हमारा दुर्भाग्य यह है कि हम अपने-आपको उसका अभिन्न अंग न मानकर एक विशिष्ट अंग मानते हैं और यही बात हमारे जीवन की समस्याओं की 'गंगोत्री' बन जाती है।

नदी बह रही है तो बह रही है। सूरज आ रहा है और जा रहा है। पृथ्वी लगातार घूम रही है और पक्षी चहचहा रहे हैं। ये सब उसी तरह से कर रहे हैं, जिस तरह से करने की इजाज़त प्रकृति ने इन्हें दी है। इसलिए इनके सामने किसी तरह का कोई संकट भी नहीं है।

इस धरती पर एक हम ही हैं, जिसने प्रकृति पर विजय प्राप्त करने का एक झूठा दम्भ पाल रखा है। यहाँ प्रकृति हमें अपने सहयोगी के रूप में नहीं, बल्कि विरोधी के रूप में दिखाई देने लगती है। तो फिर भला विरोधी से संवाद कैसे हो सकता है? और यह हमारा दुर्भाग्य है कि अपने गढ़ने वाले से ही हमारी मौन की स्थिति बनी हुई है।

हमें इस मौन की स्थिति को तोड़ना ही होगा । साथ ही यह भी कि इसकी शुरुआत भी हमें ही करनी होगी। प्रकृति शुरुआत नहीं करेगी। चूँकि समस्या हमारी है, इसलिए समाधान की दिशा में पहल भी हमारी तरफ से ही होनी चाहिए।

यदि आनन्द की मंजिल तक पहुँचना है, तो प्रकृति से संवाद की शुरुआत करनी ही होगी।

◆◆◆

राष्ट्रपति लिंकन के एक सलाहकार ने उनके मंत्रिमंडल के लिए एक उम्मीदवार का नाम सुझाया, परंतु लिंकन ने यह कहते हुए इंकार कर दिया कि "मुझे उस आदमी का चेहरा पसंद नहीं है।" परंतु सर, वह अपने चेहरे के लिये जिम्मेदार नहीं है।" सलाहकार ने तर्क दिया। "चालीस से ज्यादा उम्र का हर आदमी अपने चेहरे के लिए जिम्मेदार है।" लिंकन का जवाब था और चर्चा खत्म हो गई।

46 जरूरी है सुनना सीखना

हम वह कभी नहीं सुनते, जो दूसरा सुनाना चाह रहा है।
बल्कि हम वही सुनते हैं, जो हम सुनना चाहते हैं।

हर कोई सुनाना चाहता है। सुनना कोई नहीं चाहता। वक्ताओं की भरमार है, लेकिन श्रोताओं का घोर अकाल है। यह संकट कोई आज का ही संकट नहीं है, बल्कि सहस्त्राब्दियों से रहा है। तभी तो "महाभारत" के रचयिता महर्षि व्यास अपने इस महाकाव्य में अपनी इस जबर्दस्त पीड़ा को व्यक्त करते हैं कि "मैं हाथ उठा-उठाकर बताने की कोशिश कर रहा हूँ, लेकिन मेरी बात कोई सुनता ही नहीं।" हो सकता था कि यदि कोई उनकी बात सुन लेता, तो महाभारत न होता। महर्षि व्यास ने भले ही महाकाव्य लिखा हो, लेकिन क्या यह कम पीड़ादायक बात थी कि उन्होंने अपने ही वंश के विनाश की गाथा गाई और उन्हें यह सब इसलिए लिखना पड़ा, क्योंकि उनकी अपनी ही संतानें उनकी बातें सुन नहीं रही थीं। क्या कमोवेश यही स्थिति हम सबके साथ भी नहीं है? क्या हम सब भी अपने-अपने अंदर एक-एक टुकड़ा महाभारत को नहीं जी रहे हैं?

वस्तुतः संवाद की सही स्थिति है ही नहीं। बात एक ओर से कही जाती है और दूसरी ओर बिना सही 'वेवलेन्थ' के ग्रहण की जाती है। यदि चैनल सही न किया गया हो, तो ध्वनि एवं प्रकाश की तरंगों का स्वीकार्य सही कैसे होगा? यही हमारे जीवन में भी घटित हो रहा है- पिता-पुत्र के बीच, माँ-पुत्री के बीच, अधिकारी-अधीनस्थ के बीच, कुल मिलाकर यह कि वक्ता एवं श्रोता के बीच। हर कोई किसी-न-किसी से कुछ-न-कुछ

कह रहा है, लेकिन मजेदार बात यह है कि कोई किसी की सुन नहीं रहा। ऐसे में यदि कलह हो, तो आश्चर्य क्या है। हाँ, आश्चर्य तो तब होता है, जब कलह न हो रही हो।

तो ऐसा क्यों है? इसके लिए दो मुख्य बातें जिम्मेदार मालूम पड़ती हैं। पहली तो यही कि हम वह कभी नहीं सुनते, जो दूसरा सुनाना चाह रहा है। बल्कि हम वही सुनते हैं, जो हम सुनना चाहते हैं। आवाज भले ही सबके लिए एक हो, लेकिन उसका अर्थ सबके लिए अलग-अलग हो जाता है। गौतम बुद्ध अपने प्रवचन का समापन इन शब्दों से किया करते थे कि "अब आप सभी अपना-अपना अंतिम कार्य संपन्न करके विश्राम करें।" इसके बाद गृहस्थ भोजन करते थे, भिक्षु शयन करते थे, ब्राह्मण संध्या-वंदन करते थे, तो गणिकाएँ श्रृंगार करती थीं। सबके लिए अंतिम कार्य का अर्थ अलग-अलग था। तो भला फिर ऐसे में शुद्ध सुनना कैसे हो सकता है?

दूसरा यह कि जब हम दूसरों को सुन रहे होते हैं, उसी समय हम स्वयं को भी सुन रहे होते हैं। चाहे हम बोल रहे हो, या किसी बोलते हुए को सुन रहे हों, या कि हम मौन ही क्यों न हो, हम अनवरत रूप से स्वयं से संवाद करते रहते हैं। यह चलता रहता है। थमता ही नहीं। हम अपने-आपको भी सुनते रहते हैं, लेकिन एक साथ दो को सुनना सध नहीं पाता। नतीजा यह होता है कि हम सुनकर भी सुन नहीं पाते और यही शायद सबकी शिकायत की जड़ है कि मेरी कोई सुनता ही नहीं।

हम किसी को सही तरीके से और पूरा-पूरा सुन पाएँ इसके लिए यह निहायत ही जरूरी है कि पहले हम खुद को अन्दर से खाली करें। हमारे अन्दर जो चिल्ल-पौं मची हुई है, उसको शांत करें। तभी वहाँ नई आवाज के लिए और उस आवाज के सही अर्थ के लिए जगह बन पाएगी।

दूसरी बड़ी जरूरत यह है कि हममें उसे सुनने की इच्छा हो। जबर्दस्ती का सुनना कोई सुनना नहीं होता, फिर भले ही हम घंटों किसी को क्यों न सुनते रहें, जैसा कि हममें से लगभग सभी लोग करते हैं। हाँ, सुनाने को हर कोई तैयार है, उत्सुक है, भले ही उसके पास सुनाने को कुछ भी न हो। आप पुरानी कथाओं को बाँचिये। उनमें सुनाने वाला व्यक्ति, फिर चाहे वह

वक्ता 'रामचरितमानस' के भगवान शिव और श्रोता माँ पार्वती ही क्यों न हों, बीच-बीच में अपने श्रोता को याद दिलाता रहता है कि "ध्यान लगाकर सुनो।" आल्हा-उदल में बार-बार आता है- "सुनियो ध्यान लगाए।" यदि ध्यान नहीं लगेगा, तो सुनना सध ही नहीं सकेगा।

इसलिए मुझे लगता है कि बोलना उतनी बड़ी कला नहीं है, जितनी कि सुनना। सच तो यह है कि सुनने की कला सीखे बिना सुनाने की कला आ ही नहीं सकती।

लेकिन क्या हममें से कोई भी इस सुनने की कला को सीखने को तैयार है? शायद नहीं। तो फिर हम सभी अपने-अपने 'महाभारतों' को जीने से परेशान क्यों हैं?

यदि एक बार ठीक से सुनना आ जाए, तो देखिए कि कैसे आपका अन्तर्जगत आनन्द के संगीत से गुँजार होने लगेगा।

◆◆◆

मीर तकी मीर जब दिल्ली से भागकर लखनऊ पहुँचे, तो इंशा अल्ला खाँ ने, जो वहाँ बहुत ऊँचे रुतबे पर थे, नवाब साहब से कहकर उन्हें एक हवेली दिलवाई। हवेली में एक कमरा खासतौर से सजवाया गया कि मीर साहब वहाँ अपना दिन गुजारेंगे और लिखे-पढ़ेंगे। लेकिन मीर साहब को वह कमरा रास नहीं आया। एक दिन जब इंशा अल्ला ने उनसे पूछा कि "उस कमरे से तो बाहर का चमन दिखाई देता है, आपने उसे बन्द क्यों कर रखा है," तो मीर साहब ने फरमाया-"अपने अन्दर ऐसा चमन खिला हुआ है भाई कि मैं और चमन देखकर क्या करूँगा।"

47 दूसरों को जानने की कोशिश

जीवन में तटस्थता संभव ही नहीं है। या तो हम इधर होते हैं, या फिर उधर।

हर व्यक्ति दावा करता है कि वह अपने-आपको जानता है। इतना ही नहीं बल्कि वह दूसरों को भी जानने का दावा करता है, लेकिन क्या उसके ये दोनों दावे सही हैं? जीवन में किए जाने वाले इन दावों के बारे में जब मैं सोचता हूँ तो मुझे स्थिति बहुत ही हास्यास्पद लगती है।

किसी को भी जानने के लिए पहली और सबसे महत्त्वपूर्ण जरूरत इस बात की होती है कि हम उसके प्रति पूरी तरह तटस्थ भाव रखें। यदि अपने को जानना है, तो अपने प्रति निर्मम हों और यदि दूसरे को जानना है, तो उसके प्रति तटस्थ हों, लेकिन क्या यह तटस्थता हाड़-माँस एवं भावों से संयुक्त रूप से बने हुए इस मनुष्य के लिए एक यूटोपिया मात्र नहीं है? है। यह सही है। जीवन में तटस्थता संभव ही नहीं है। या तो हम इधर होते हैं, या फिर उधर। यदि हम तटस्थ रहने का स्वांग रच रहे हैं, तो इसका भी अर्थ यही है कि "जो कुछ है, या कि जो हो रहा है, हम उसकी ओर हैं।"

यदि तटस्थता संभव ही नहीं है, तो फिर अपने का या दूसरे को जानना भी भला कैसे संभव हो सकता है? अपने प्रति हमारी भावना आत्ममुग्धा नायिका की तरह होती है; एक ऐसी नायिका की तरह, जो दर्पण में अपना चेहरा देख-देखकर अपने ही सौन्दर्य पर मोहित होती रहती है। हम अपने प्रति अतिरिक्त सदाशयता से भरे हुए होते हैं। हमें अपनी क्षमता का गलत

अनुमान रहता है। हम यह जानते ही नहीं कि आखिर हम करना क्या चाहते हैं, पाना क्या चाहते हैं? ऐसी स्थिति में भला कोई भी अपने-आपको अच्छी तरह कैसे जान सकता है? अपनी पीठ थपथपाना हमारी आदत होती है और अपने प्रति करुणा का भाव रखना हमारा मुख्य भाव होता है। दूसरों के सामने हम अपने-आपको मजबूत दिखाते हैं तथा अकेले में अपने-आप के प्रति बेचारगी के भाव से भरे रहते हैं। हम इस गजब के विरोधाभास से भरे हुए प्राणी हैं।

जहाँ तक दूसरों को जानने का प्रश्न है, हम दूसरों को कैसे जानते हैं? हमारे पास दूसरे को जानने के सिर्फ दो तरीके होते हैं। पहला है-उसके प्रति हमारे अपने संबंध और दूसरा है-उसके बारे में दूसरों से सुनी और जानी गई बातें। दूसरों से हमारे अपने जो संबंध हैं, वे पूरी तरह हमारे अपने स्वार्थ अर्थात् लाभ और हानि पर टिके हुए होते हैं। जिनसे हमारा स्वार्थ सधता है, वे हमारे लिए अच्छे हैं। जिनसे हमारे स्वार्थ में बाधा पहुँचती है, वे हमारे लिए बुरे हैं और जिनसे हमें कोई फर्क नहीं पड़ता, वे हमारे लिए लगभग अपरिचित ही हैं। तो फिर यहाँ तटस्थता संभव ही कहाँ है?

दूसरे के बारे में हम दूसरों से जो कुछ भी जानते हैं, उसका आधार उनके अपने संबंध होते हैं। उनका जिनसे स्वार्थ सधता है, उसे वे हमें अच्छा बताते हैं और जिनसे स्वार्थ बिगड़ता है, उसे वे बुरा बताते हैं।

इसका मतलब यह हुआ कि दूसरे के प्रति तटस्थता का भाव हम रख नहीं सकते। तो फिर ऐसे में भला हम उसको कैसे जान सकते हैं। क्या ऐसी स्थिति में हमारा यह दावा एकदम खोखला साबित नहीं हो जाता कि "मैं उसको बहुत अच्छी तरह से जानता हूँ, इतनी अच्छी तरह से कि वह अपने-आपको भी इतनी अच्छी तरह से नहीं जानता।" मजेद्रार बात यह है कि हम अपने-आपको नहीं जानते और दूसरों को जानने का दम्भपूर्ण दावा करते हैं।

सच यही है कि तटस्थता का भाव; चाहे वह अपने प्रति हो या फिर दूसरों के प्रति हो, बहुत कठिन और लगभग असंभव है। तो यहाँ सवाल यह है कि व्यवहार के रूप में हम क्या करें। कैसे हम पहचानें दूसरों को और खुद को भी। इसमें तो कोई दो राय नहीं है कि इसके लिए हमें अपने भावों और

विचारों को अधिक-से-अधिक पूर्वाग्रहों और दुराग्रहों से मुक्त रखना होगा। स्वयं को दूसरों की राय से प्रभावित होने से यभासंभव बचाना होगा।

साथ ही यह भी कि हम दूसरों को पहचानने की कोशिश उसके उसी पक्ष के संदर्भ में करें, जिससे हमारा लेना-देना है। उससे अधिक नहीं। उदाहरण के तौर पर यदि आपको किसी खेल-प्रशिक्षक की जरूरत है, तो आप उस व्यक्ति में इसी तत्त्व को पहचानने की कोशिश कीजिए। उन्हें आप केवल इस आधार पर खारिज़ मत कीजिए कि वह दिखने में अच्छा नहीं है और उसका पत्नी से तलाक हो गया है। किसी एक पक्ष के मूल्यांकन में सफलता मिलने की संभावना सम्पूर्ण मूल्यांकन की तुलना में कई गुना अधिक होती है। यदि हम स्वयं को मूल्यांकन की इस प्रक्रिया में यहीं तक सीमित रख पाते हैं, तो हमारे अनेक द्वन्द्व स्वतः ही समाप्त हो जाएँगे। इस द्वन्द्व की समाप्ति ही हमें वह सटीक दृष्टि देगी, जिसके जरिए हम दूसरे व्यक्ति को ठीक-ठीक जान सकेंगे और उससे फिर उसी के अनुकूल व्यवहार कर सकेंगे। फिर हमें उससे यह शिकायत नहीं रह जाएगी कि "वह ऐसा क्यों है, ऐसा क्यों नहीं है।" इससे दूसरों से हमारे सम्बंध बेहतर रह सकेंगे और यही बेहतरी हमें आनन्द की एक सीढ़ी ऊपर ले जाएगी।

◆◆◆

14 अप्रैल, 1912 को विराट समुद्री जहाज टाइटैनिक अटलांटिक के एक आइसबर्ग से टकराया और डूब गया। इसमें बहुत से लोग मर गए। इस घटना पर बनी फिल्म 'टाइटैनिक' की कहानी उस महिला की है, जिसे लाइफबोट में जगह मिली थी। उसे जब जहाज पर जाकर कुछ लाने के लिये तीन मिनट का समय दिया गया, तो अपने कमरे में जाकर उसने अपने बहुमूल्य आभूषणों को अनदेखा कर दिया और झटपट तीन संतरे उठाकर अपनी लाइफबोट पर लौट आई।

48 आसान नहीं है देखना

जब देखना समझना बनता है, तभी देखने का काम पूरा होता है। या कि जब देखना अनुभव बनता है, तब देखने का काम पूरा हो पाता है।

हम जब किसी व्यक्ति को या किसी वस्तु को देखते हैं, तो क्या सचमुच में हम उस व्यक्ति या इस वस्तु को देख रहे होते हैं? कहीं ऐसा तो नहीं कि हम वही कुछ देखते हैं, जो कुछ हम देखना चाहते हैं या कि दूसरे हमें दिखाना चाहते हैं। मैं एक पेड़ को देखता हूँ। विलियम भी उस पेड़ को देखता है और भाई जब्बार भी उस पेड़ को देखते हैं, लेकिन जैसे ही यह पता लगता है कि वह पीपल का पेड़ है, वैसे ही हम तीनों के देखने में फ़र्क आ जाता है। मेरे लिए पीपल का पेड़, पेड़ न रहकर कुछ और बन जाता है। चूँकि विलियम एक वनस्पतिशास्त्री है, इसलिए उनके लिए वह पेड़ एक अलग ही अर्थ देने लगता। भाई जब्बार उसे इस नज़रिये से देखते हैं कि क्या इसका कोई व्यावसायिक उपयोग हो सकता है।

हम सभी देखने का दावा करते हैं और देखते हम सभी अपनी-अपनी आँखों से ही हैं। इसमें कोई दो राय भी नहीं है कि आँखें भी हमारी अपनी ही होती हैं, लेकिन इन आँखों के अन्दर वह तत्त्व, जो देखने का काम करता है, क्या वह भी हमारा अपना होता है? जैविक रूप से तो यह सत्य है कि मेरा रेटीना मेरा रेटीना है और आपका रेटीना आपका रेटीना है और यह रेटीना ही देखने का काम करता है, लेकिन उस देखे हुए को अर्थ देने का काम कोई अन्य करता है।

वस्तुतः यदि यह देखना केवल देखने तक ही सीमित रहता, तब

शायद कोई संकट नहीं होता, लेकिन बात केवल इतनी नहीं है। जब कोई वस्तु केवल देखने तक सीमित रहती है, तब उसका अर्थ भी कुछ नहीं रह जाता। जब देखना समझना बनता है, तभी देखने का काम पूरा होता है। या कि जब देखना अनुभव बनता है, तब देखने का काम पूरा हो पाता है और देखने से जुड़ी हुईं ये दोनों बातें-अनुभव और समझना, उसी तरह होती हैं, जिस तरह के हम खुद होते हैं।

हमारी विडम्बना यह है कि हम वही होते हैं, जो समाज हमें बनाए रखना चाहता है। इससे थोड़ा भी इधर-ऊधर होने की कोशिश की नहीं कि बवाल उठ खड़ा होगा। आप विरोधी करार दिए जाएँगे, विद्रोही करार दिए जाएँगे, पथभ्रष्ट करार दिए जाएँगे, पागल करार दिए जाएँगे। समाज को अपना विरोध तनिक भी बर्दाश्त नहीं होता। उसकी रुचि तो केवल इस बात में होती है कि उसकी निरन्तरता बनी रहे, चाहे इसके लिए उसे समाज में रहने वाले सारे के सारे लोगों की निजता को कुर्बान ही क्यों न करना पड़े।

तो जहाँ निजता का ऐसा संकट हो, वहाँ भला अपना देखना कैसे हो सकता है? हमें इस बात को, इस विडम्बना को, इस कड़वी सच्चाई को स्वीकार करना ही चाहिए कि हम सभी की आँखों में एक चश्मा चढ़ा दिया गया है। हम जो भी चीज देखते हैं, इस चश्मे से ही देखते हैं। इसलिए हमें जो भी चीजें दिखाई देती हैं, वे वैसी ही दिखाई नहीं देतीं, जैसी कि वे हैं, बल्कि वे वैसी दिखाई देती हैं, जैसा कि चश्मा दिखाता है। हम सब सावन के महीने में बनाए गए अंधों की तरह हैं, जिसे जेठ की दुपहरी में भी चारों ओर हरा ही हरा दिखाई देता है।

क्या वे अंधे हमसे बेहतर नहीं हैं, जो कुछ देख ही नहीं सकते? देख तो हम भी नहीं रहे हैं, आँखें हैं तो क्या हुआ। अंधे इस मायने में हमसे तो आगे हैं कि उनकी संवेदन-शक्ति इतनी अधिक बढ़ चुकी होती है कि वे आँखों के न रहने के बावजूद कान से देख लेते हैं, नाक से देख लेते हैं, त्वचा से देख लेते हैं। वैज्ञानिक मानते हैं कि दाँतों से भी सुना जा सकता है।

देखने पर गंभीरता से सोचना इसलिए बहुत जरूरी है, क्योंकि आज की पूरी न्याय-व्यवस्था में या सामाजिक-व्यवस्था में प्रत्यक्ष प्रमाण को ही सर्वोत्तम प्रमाण माना जाता है। इसी को 'हाथ कंगन को आरसी क्या' कहा

गया है। देखने की गवाही के आधार पर निर्दोष को फाँसी दी जा सकती है और दोषी को फाँसी के तख्ते से उतारा जा सकता है। दुराचारी को समाज में शामिल किया जा सकता है और पुण्यात्मा को समाज से बहिष्कृत किया जा सकता है। इस तरह के बड़े फैसले केवल देखने की गवाही के आधार पर किए जाते हैं और मजेदार बात यह है कि यह देखना भी वह देखना नहीं होता, जिसे सचमुच में देखना कहा जा सके।

तो सोचिए कि फिर हम अपनी इन आँखों का करें भी तो क्या करें। जिस दिन ये सचमुच में देखने लगेंगी, हमें कुछ और ही दिखाई देने लगेगा। सही मायने में हम उसी दिन अपने-आपको भी देख पाएँगे और जिस दिन अपने-आपको देख लें, उसी दिन हमारे जीवन में एक नया सूर्य उगेगा, एक नई रौशनी फैलेगी।

लेकिन क्या यह संभव है ?

यहाँ यह बात भी गौर करने की है कि हमारे यहाँ ज्ञान को प्रकाश कहा गया है। यह रौशनी हमें आँखों से ही मिलती है। बाहर की सारी रौशनी को इकट्ठा करके उसे अन्दर तक पहुँचाने का काम आँख का है। आँखें बन्द हुई नहीं कि चारों ओर अंधेरा ही अंधेरा छा जाता है। हालाँकि हम यह तो कहने की मूर्खता नहीं कर सकते कि "आँखें नहीं तो ज्ञान भी नहीं।" लेकिन इतना तो कह ही सकते हैं कि "यह जरूरी नहीं कि आँखें हैं, तो ज्ञान भी होगा", क्योंकि ये आँखें आपकी होती हुई भी दिखते हुए को अनदेखा कर सकती हैं और न दिखते हुए को दिखाने का भ्रम दिला सकती हैं। ऐसी स्थिति में सच्चा देखना हो तो कैसे हो?

यह तटस्थता से ही सम्भव है। जैसे ही सच्चा देखना सम्भव होता है, वैसे ही सच्चा आनन्द भी देने लगता है।

◆◆◆

लिप्जिग के प्रकाशक वुल्फ ने सुबह साढ़े आठ बजे रवीन्द्रनाथ टैगोर की कविताओं का अनुवाद लौटा दिया। इसके दो घंटे बाद अपने कर्मचारी को पार्सल वापस लाने के लिए बड़े डाकघर भेजा। इस बीच उसने अखबार में टैगोर को नोबेल पुरस्कार देने की घोषणा पढ़ ली थी।

49 बनिए खुद के भी न्यायाधीश

जब हम खुद के प्रति निर्ममता का रुख अख्तियार कर लेते हैं, तब अपने खिलाफ फैसला सुनाने की कुब्बत पैदा हो जाती है।

हम सब के सब न्यायाधीश हैं–बिना कोट के और बिना कचहरी के भी। कुर्सी के बिना ही पालथी मारकर हमारे भीतर बैठा हुआ यह न्यायाधीश एक दिन में न जाने कितने निर्णय बिना किसी के माँगे यूँ ही सुनाता रहता है। उसे इस बात की तनिक भी चिंता नहीं कि उसके फैसलों पर अमल हो भी रहा है या नहीं, लेकिन हम फैसले देने से बाज़ नहीं आते।

दूसरों की निन्दा करना, दूसरों की आलोचना करना, मीन-मेख निकालना इसी न्यायाधीश के काम हैं। जो हमारे फायदे का है, उसे हम उसकी भारी कमजोरियों और अपराधों के बावजूद बरी कर देते हैं और जो फायदे का नहीं है, उसकी निंदा करके निन्दा-रस का पान करते हैं। इसमें हमें बड़ा अद्‌भुत आनन्द मिलता है। इसलिए हम लगातार लोगों के बारे में अपने फैसले देते चले जाते हैं।

हम ये फैसले देते कैसे हैं ? वस्तुतः हम जो होते हैं, वही हमारा फैसला होता है। हम ही फैसला हैं और फैसला ही हम हैं। न्यायाधीश के पास कम-से-कम एक किताब तो होती है, जिसके आधार पर वह फैसला देता है। हालाँकि वहाँ वह भी कुछ-न-कुछ तो होता ही है, लेकिन इतना नहीं होता कि वही सब कुछ हो जाए और किताब धरी की धरी रह जाए, लेकिन हम जब इस भूमिका में होते हैं, तब वहाँ केवल हमीं हम होते हैं-दूसरा न कोय।

यदि हम थोड़ी-सी भी अपनी गहराई में झाँककर देखें, तो पाएँगे कि

अरे! हम तो होकर भी हम नहीं हैं। हम एक ऐसे कम्प्यूटर की तरह हैं, जिसमें पहले से ही सीडी लगी हुई है। बटन दबाओ, स्क्रीन पर देखो और पढ़ो। क्या स्क्रीन का अपना कुछ होता है? कभी नहीं। जो कुछ भी होता है, वह तो सीडी का होता है। यानी कि हम सबकी पूरी तरह से प्रोग्रामिंग हो चुकी है। हम सबके अन्दर धर्म, विचार, परम्परा, विधि, सभ्यता, संस्कृति आदि-आदि की तमाम सीडियाँ फिट हैं। निर्णय सुनाते समय हमें उनमें से जिसकी जरूरत पड़ती है, हम उसका बटन दबा देते हैं। निर्णय बाहर आ जाता है। सबसे हास्यास्पद किन्तु दुर्भाग्यजनक बात यह है कि हम इसे 'अपना निर्णय' कहते हैं। हम हजारों साल पहले के पूर्वजों के निर्णयों को 'अपना निर्णय' कहने का खुलेआम इतना बड़ा झूठ बोल रहे हैं।

आइए, देखें कि आखिर इससे होता क्या है? इससे होता यह है कि हमारी पूरी जिन्दगी दूसरों के बारे में जजमेंट पास करते रहने में गुज़र जाती है। क्या आपने ऐसे न्यायाधीश का नाम सुना है, जिसने कभी भूलकर भी अपने बारे में सार्वजनिक रूप से कोई फैसला सुनाया हो? मैं मत व्यक्त करने की बात नहीं कर रहा हूँ। मैं फैसला सुनाने की बात कर रहा हूँ। शायद नहीं। अब तक नहीं और निश्चित रूप से आगे भी नहीं। तो इसका मतलब यह हुआ कि हम भी जो जिन्दगी जी रहे हैं, उसका आधार दूसरों के द्वारा दिये गए फैसले हैं। तो क्या यह उधार का जीवन जीना नहीं हुआ? सदियों से यही चल रहा है और सदियों तक यही चलता रहेगा। विज्ञान के क्रांतिकारी परिवर्तन के बावजूद जीवन के अन्तरंग में न तो कुछ बदला है और न ही शायद बदलेगा।

लेकिन उस दिन सब कुछ बदल जाएगा, जिस दिन आप में अपने ही खिलाफ फैसला सुनाने का साहस आ जाएगा। अपने मन में, अपने मस्तिष्क में दूसरों के बारे में उठने वाली आवाज़ों के उठने को जिस दिन आप बन्द कर देंगे, उसी दिन आपको अपने बारे में आवाज सुनाई देने लगेगी। यही आवाज़ आपकी एक नई और ताज़ी ज़िन्दगी का कारण बनेगी। आखिर यही तो वह है, जिसके लिए आप, मैं सभी न जाने कहाँ-कहाँ भटक रहे हैं।

यहाँ सबसे बड़ा सवाल यह है कि लेकिन इतना बड़ा साहस आएगा कहाँ से? खुद ही आएगा यह या हमें लाना पड़ेगा । मैं 'लाना पड़ेगा' के पक्ष

में हूँ। जब हम खुद के प्रति निर्ममता का रुख अख्तियार कर लेते हैं, तब अपने खिलाफ फैसला सुनाने की कुव्वत पैदा हो जाती है। यह निर्ममता हमारे अन्दर एक अलग दृष्टि पैदा करती है। उससे हमें दूध का दूध और पानी का पानी दिखाई देने लगता है और यही तो वह है, जो हमें चाहिए।

दूसरी बात है कि हमें दूसरों के बारे में फैसले सुनाने की आदत से बचना होगा। हम दूसरे को जानते ही कितना है, उसकी परिस्थितियों, उसकी चेतना और उसके सम्पूर्ण वातावरण से हम परिचित ही कितना हैं कि हम किसी के बारे में कुछ भी कह देने में थोड़ी भी देर नहीं लगाते।

सूफी कवि रूमी ने बिल्कुल सही कहा था कि "फैसले देना बन्द करो। तुम्हारा आंतरिक संवाद शुरू हो जाएगा।" यही आंतरिक संवाद हमें वह निरपेक्ष दृष्टि और गहरी चेतना देगा, जिसका सहारा लेकर हम स्वयं का सही मूल्यांकन करने की स्थिति तक पहुँच सकेंगे।

और जो इस स्थिति तक पहुँच जाता है, आनन्द का प्याला उसके ओठों तक पहुँच जाता है।

◆◆◆

एक बार कोलंबस को एक दावत में आमंत्रित किया गया, जहाँ उन्हें मेज पर सबसे सम्मानजनक स्थान दिया गया। उनसे ईर्ष्या करने वाले एक व्यक्ति ने अचानक पूछा-"आपने इंडीज को खोजा है। परन्तु क्या स्पेन में दूसरे लोग नहीं हैं, जो इस काम को करने में सक्षम हैं।"

कोलंबस ने कोई जवाब नहीं दिया, बल्कि एक अंडा उठाया और लोगों से कहा कि वे इसे एक सिरे पर खड़ा कर दें। सबने ऐसा करने की कोशिश की, लेकिन कोई न कर सका। इस पर कोलंबस ने उसे मेज पर ठोंका, उसके एक सिरे को पिचकाया और उसे खड़ा छोड़ दिया।

वह व्यक्ति चिल्लाया "इस तरीके से तो हम सब यह कर सकते थे।"

कोलंबस ने जवाब दिया-"हाँ, आप कर सकते थे, बशर्ते आप जानते कि ऐसा कैसे किया जा सकता है। इसी तरह एक बार जब मैंने आपको संसार का रास्ता दिखा दिया, तो उसका अनुसरण करने से आसान कुछ नहीं है।"

50 स्वयं से ही होना है आज़ाद

हम पूरी तरह से रिमोट कंट्रोल्ड हो गए हैं। हम स्वयं से नहीं बल्कि अन्य या अन्यों से नियंत्रित हो रहे हैं।

नियंत्रण प्रकृति, जीवन एवं विज्ञान (मशीनरी) आदि के अस्तित्व का सार है। यहाँ तक कि भौतिक वस्तुओं की रचना के केन्द्र में नियंत्रण की यही शक्ति काम कर रही होती है। आप स्वयं थोड़ी देर के लिए सोचकर देखिए कि यदि पदार्थ के कण एक-दूसरे के द्वारा नियंत्रित होकर निष्पंदन की अवस्था में न रहें, तो किसी भी पदार्थ का वह भौतिक रूप कैसे निर्मित होगा, जिसे हम हवा, पानी और मिट्‌टी आदि नामों से जानते और पहचानते हैं। जब तक यह पारस्परिक नियंत्रण अपनी आदर्शतम स्थिति में होता है, तब तक कहीं किसी तरह का कोई संकट नहीं आता। यह समन्वय और संयोजन की स्वाभाविक स्थिति होती है, लेकिन इसके असंतुलित होते ही सब कुछ खंडित होने लगता है, बिखरने लगता है।

जी हाँ, यह नियम, नियंत्रण का यह नियम केवल जीवंत प्रकृति और पदार्थों पर ही लागू नहीं होता, बल्कि उतना ही हमारे जीवन पर भी लागू होता है। इसलिए हमें अपने जीवन की एक परख इस आधार पर भी करनी चाहिए कि उसके नियंत्रण की स्थिति क्या है? हमें देखना चाहिए कि हमारे जीवन को कौन-कौन नियंत्रित कर रहे हैं? हमें सोचना चाहिए कि इनमें से कौन से नियंत्रण आवश्यक एवं अपरिहार्य हैं तथा कौन से पूरी तरह व्यर्थ। यह भी कि इन विभिन्न नियंत्रणकारी शक्तियों के बीच तालमेल ठीक से है, अथवा नहीं? यदि तालमेल नहीं है, तो हम देखें कि इनमें कैसे तालमेल

बैठाया जा सकता है, क्योंकि जीवन सम भाव से, सम गति से चलता रहे, इसके लिए ऐसा किया जाना जरूरी है।

हमारा जीवन पूरी तरह से नियंत्रणहीन हो, हमें ऐसी झूठी स्थिति की कल्पना करने में अपना समय नष्ट नहीं करना चाहिए। यह संभव ही नहीं है। इसके स्थान पर हमें अपना समय और अपनी सोच इस काम में लगानी चाहिए कि किस प्रकार हम कम-से-कम नियंत्रणकारी शक्तियों को अपने जीवन में हस्तक्षेप करने का अवसर दें और ये भी केवल वे ही शक्तियाँ हों, जो हमारे नियंत्रण से पूरी तरह से परे हैं। अन्यथा अधिकांश नियंत्रण हमारा अपना ही होना चाहिए। इसे ही भारतीय दर्शन में आत्मानुशासन तथा संयम कहा गया है। इस आत्मानुशासन को समझकर उसे स्वीकार कर पाने में रजनीश चूक गए थे। अन्यथा थे तो वे बहुत ही विलक्षण विचारक। यदि उनके द्वारा बताई गई स्वतंत्रता, जो उपभोग पर आधारित है, में इस संयम का मेल हो जाता, तो मुझे लगता है कि वह हमारे जीवन के लिए एक अद्‌भुत रसायन का काम करता।

यदि आप इस आधार पर अपने बारे में सोचेंगे, तो पाएँगे कि हमारे जीवन के अधिकांश तनाव एवं दुःखों का कारण हमारे ऊपर किसी अन्य के नियंत्रण का होना है। हम पूरी तरह से ''रिमोट कंट्रोल्ड'' हो गए हैं। हम स्वयं से नहीं बल्कि अन्य या अन्यों से नियंत्रित हो रहे हैं और यह अन्य कोई भी हो सकता है, भय एवं लोभ जैसी वृत्तियों से लेकर हमारा बॉस तक, कोई भी। यहाँ तक कि हमारा नियंत्रण वह भी कर रहा है, जिसे हम जानते तक नहीं, जिसका अस्तित्व भी संदिग्ध है। हमें हर समय यही लगता रहता है कि कोई ''बिग ब्रदर'' हमें देख रहा है।

ऐसी स्थिति में भला चेतना का पुष्प कैसे खिल सकता है? ऐसे में भला कोई भी आनंद की अनुभूति कैसे कर सकता है, क्योंकि आनंद की अनुभूति के लिए चेतना के पुष्प को खिलना होगा और चेतना का पुष्प तभी खिल सकता है, जब वह नियंत्रण की खींचा-तानी से मुक्त हो।

मैं यहाँ संकेत के तौर पर केवल इतना ही कहना चाहूँगा कि वह हम ही होते हैं, जो अपना नियंत्रण दूसरों के हाथों में दे देते हैं और जिन आधारों

पर हम ऐसा करते हैं, उनमें से 99 प्रतिशत आधार बिल्कुल झूठे होते हैं, काल्पनिक होते हैं। दुर्भाग्य हमारा यह है कि ये झूठे आधार ही आज हमारे जीवन का संचालन कर रहे हैं। क्या यह दुःखद नहीं है?

जब कभी स्वतंत्रता की बात आती है, तो यह स्वतंत्रता अर्थशास्त्र, राजनीतिशास्त्र और समाजशास्त्र तक सिमटकर रह जाती है। कभी भी स्वयं के नियंत्रण से आज़ाद होने की बात नहीं कही जाती। कम-से-कम मुझे तो यह लगता है कि हमने स्वयं को स्वयं का ही इतना अधिक गुलाम बना रखा है कि यदि बाहरी तौर पर सारी आजादियाँ दे भी दी जाएँ, तो हमारे जीवन की गुणवत्ता पर कोई खास असर नहीं पड़ने वाला। यहाँ तक कि जिन कारणों से दूसरों ने हमें अपना गुलाम बना रखा है, उनके हाथ में भी रस्सी हमने ही थमाई हुई होती है और हम हैं कि इस सच्चाई की लगातार अनदेखी किए जा रहे हैं।

जिस दिन हमें यह सच्चाई दिखाई देने लगेगी, सही मायने में उसी दिन से हमारी स्वतंत्रता की यात्रा की शुरुआत होगी। यानी कि आनंद के रस का स्वाद चखने की शुरुआत। अद्‌भुत होता है यह, बहुत ही अद्‌भुत।

◆◆◆

बनयन ने 'पिलग्रिम्स प्रोग्रेस' जेल में लिखी थी। लोरेंस नाइटिंगेल इतनी बीमार थीं कि वे बिस्तर से उठ नहीं सकती थीं, फिर भी उन्होंने इंग्लैण्ड के अस्पतालों को पुनर्गठित किया। लकवे के आधे शिकार और एपोप्लेक्सी के लगातार खतरे के बीच पाश्चर इस बीमारी पर अथक आक्रमण करते रहे। अमेरिकी इतिहासकार फ्रांसिस पार्कमैन अपने जीवन के अधिकांश समय तक इतने अधिक बीमार रहे कि वे एक बार में पाँच मिनट से ज्यादा काम नहीं कर सकते थे। इसके बावजूद उन्होंने इतिहास पर शानदार बीस किताबें लिखीं।

51 अर्द्ध नहीं पूर्ण बनना है

जो समाज जितना अधिक जटिल होगा, वहाँ विरोधाभास की स्थितियाँ उतनी ही अधिक होंगी।

निश्चित रूप से प्रकृति का और मानव समाज का भी विकास द्वंद्व से ही हुआ है। जब दो विपरीत वस्तुएँ एक साथ मिलती हैं, तभी तीसरी एक नई वस्तु का जन्म होता है। चाहे वह धनात्मक और ऋणात्मक विद्युत आवेश हों, या पुरुष-नारी का मिलन, पृथ्वी पर जीवन विपरितों के मिलन से ही संभव हुआ है, लेकिन जब यही द्वंद्व और विपरितों के मिलन की यह स्थिति एक व्यक्ति के अन्दर होने लगती है, तो वह विकास का कारण न बनकर विनाश का आधार बन जाता है।

हम थोड़ी देर रुकें और गंभीरता से सोचकर देखें कि सचमुच में हमारा मन, हमारा मस्तिष्क और यहाँ तक कि हमारा हृदय कितने अधिक विरोधाभासों से भरा हुआ है। हम एक ही समय में, एक ही साथ किसी एक वस्तु को पाना चाहते हैं, लेकिन उसे पाने से डरते भी हैं। हम किसी एक स्थिति को किसी एक क्षण में बाहरी तौर पर पूरी तरह से अस्वीकार कर देते हैं, लेकिन अन्दर से हमारा मन उसे स्वीकार करने को भी होता है। सौन्दर्य हमें अपनी ओर आकर्षित करता है, लेकिन समाज का भय हमें विकर्षित कर देता है। हम उपलब्धियों को स्वीकार करते हैं, लेकिन उपलब्धियों के रास्ते में आने वाली कठिनाइयों से भयभीत होकर उसे अस्वीकार कर देते हैं। हमारा हृदय इन स्वीकृति-अस्वीकृतियों का एक ऐसा विचित्र कुरुक्षेत्र बना हुआ है, जिसकी परिणति अन्ततः निष्क्रियता में ही होती है।

ध्यान दीजिए कि हमारा जो मूल संकट है, वह शेक्सपीयर के नायक का ''क्या करूँ क्या न करूँ'' का संकट नहीं है। मैं समझता हूँ कि यह संकट तो हमारे इस संकट के सामने काफी अच्छा है कि ''करूँ या कि न करूँ।'' जब संकट 'क्या करूँ' का होता है, तब हमें तलाश इस बात की करनी होती है कि कुछ करने को मिल जाए, लेकिन हमारा संकट तो इससे भी कहीं अधिक गहरा है, क्योंकि जो करने को मिल गया है, उसी के प्रति हमारी आस्था नहीं है, हमारा लगाव और विश्वास नहीं है। कभी तो लगता है कि इसे करूँ और फिर कुछ समय के बाद ही लगने लगता है कि इसे न करूँ, कुछ और करूँ यही कारण है कि हमारे जीवन के न जाने कितने काम अधकिए रह गए हैं और हमारे जीवन की न जाने कितनी यात्राएँ अर्द्धयात्राएँ बनकर रह गई हैं।

मैं समझता हूँ कि यह विरोधाभास, यह संकोच केवल इसलिए है, क्योंकि हमें निष्क्रियता में ही आनन्द आता है। जिसे निष्क्रियता में आनन्द आता है, उसी का मस्तिष्क विरोधाभासों की ऐसी स्थितियों को आमंत्रित करता है। यह विरोधाभास हमें कोई देता नहीं, बल्कि हम खुद बुलाते हैं उन्हें, ताकि हम उनका इस्तेमाल ढाल की तरह कर सकें, अपनी निष्क्रियता के बचाव के लिए। ताकि हम इनका इस्तेमाल एक जोरदार तर्क के रूप में करते हुए अपनी स्थिति को जायज ठहरा सकें।

जो समाज जितना अधिक जटिल होगा, वहाँ विरोधाभासों की स्थितियाँ उतनी ही अधिक होंगी। सचमुच में जीवन कितना सीधा-सादा और सरल है—प्रकृति की तरह। वहाँ कोई जटिलता नहीं है, लेकिन हमने धर्म, संस्कृति, विश्वास, परम्परा की इतनी जटिल और कँटीली झाड़ियों के जंगल पैदा कर लिए हैं कि उनके काँटों में हमारा मन पूरी तरह से उलझकर रह गया है। विडम्बनापूर्ण स्थिति तो यह है कि इन धर्म, परम्पराओं और विश्वासों पर भी आपस में ही इतने अधिक विरोधाभास हैं कि उनमें से सही रास्ते को चुन पाना अब किसी के भी बस की बात नहीं रह गई है और यही कँटीली झाड़ियाँ हमारे अन्तर्मन में इस तरह रच-बस गई हैं कि हम सब अब इसकी चुभन को झेलने को अभिशप्त हो गए हैं।

यह हम सभी की विडम्बना है कि हम सभी अपनी-अपनी निजताओं को खो चुके हैं। हम अन्दर से एकदम विस्थापित हो चुके हैं। समाज ने हम सभी को वह बना दिया है, जो हम बनना नहीं चाहते थे। सच तो यह है कि जो उसने बना दिया है, हम पूरी तरह से वह भी नहीं बन सके हैं। हम सभी एक 'अर्द्ध' की चुभन भरी स्थिति को अपने अन्दर झेल रहे हैं। हम इसे झेलने के इतने अधिक आदी हो गए हैं कि हमें लगता ही नहीं कि हम कुछ ऐसा झेल भी रहे हैं। चुभन का एहसास न होना चुभन के होने से भी बुरी स्थिति का द्योतक है।

क्या कभी हमें इससे निजात मिल सकेगी? सबसे बड़ा प्रश्न तो यह है कि क्या हम सचमुच इससे निजात पाना भी चाहते हैं? मैंने देखा है कि अधिकांश लोग इससे निजात पाना ही नहीं चाहते, जबकि वे इसकी लगातार और तीखी आलोचना करते रहते हैं। वस्तुत: वे इस स्थिति के इतने अधिक अभ्यस्त हो जाते हैं कि नई स्थितियों के लाख बेहतर होने के बावजूद वे उसे बदतर ही मानते रहते हैं। फलस्वरूप वे खुद की ज़िन्दगी को बदतर बनाए रखने में संतोष का अनुभव करने लगते हैं।

अपनी निजता को पा लेना ही आनन्द के प्याले को पीना है।

◆◆◆

वह जो पहाड़ तुमने खड़ा किया था/पत्थर के टुकड़ों को अपनी लगातार जख्मी होती पीठ पर ढोकर/आज भी वैसा ही खड़ा है/कहीं भी कुछ नहीं बदला/सब कुछ वैसा ही है/जैसे तुम (पिता) छोड़ गए थे, सालों पहले/ ... और फिर अंत में जब मैं/हारकर सो गया अपनी गोद में/पाया मैंने कि तुम उपस्थित हो/अपनी सम्पूर्ण सम्वेदनाओं के साथ/ मेरे ही भीतर एक पहाड़ की तरह।

श्रवण गर्ग

52 अपनी छाया बनें पर की छाया नहीं

परछाई किसी काम की नहीं होती। छाया होती है।

अंधेरा यदि प्रकाश की अनुपस्थिति है, तो छाया प्रकाश की एक ऐसी बीच की स्थिति है, जबकि वह होकर भी नहीं है और न होकर भी है। दोनों में फर्क है। अंधकार का अर्थ है- केवल अंधकार, एक काला आकार, अंधेरे का समुद्र, जो आँखें बंद करने पर दिखाई देगा, लेकिन छाया ऐसा नहीं है। छाया का अर्थ हैं—प्रकाश तो है, किन्तु उसकी यात्रा के मार्ग में कोई एक बाधा आ गई है। उस बाधा की पृष्ठभूमि में मौजूद है-प्रकाश। उसकी किरणें तो वहीं थम गई हैं, लेकिन उन किरणों की ऊर्जा मौजूद है। वे उस वस्तु को न भेदकर उसके इधर-उधर बिखर गई हैं। इस वस्तु का बिम्ब ही छाया है।

इस छाया की पहचान करना बहुत मुश्किल काम है। ऊपरी तौर पर अस्पष्ट रूप से कुछ-कुछ तो यह बताया जा सकता है कि यह पेड़ की छाया है या घर की छाया है, लेकिन यह नहीं बताया जा सकता कि किस पेड़ की छाया है या किस घर की छाया है। ऐसा तब तक नहीं किया जा सकता, जब तक कि उस पेड़ को ही देखा न जाए। उस घर में ही जाया न जाए। यह छाया विश्राम-स्थल तो होती है, लेकिन वहाँ स्पष्टता का भाव समाप्त हो जाता है। स्पष्टता का भाव समाप्त हो गया है, क्योंकि वहाँ प्रकाश नहीं है। जहाँ प्रकाश नहीं होगा, वहाँ स्पष्टता भी नहीं होगी।

साफ है कि जहाँ ज्ञान नहीं होगा, वहाँ स्पष्टता नहीं होगी। जहाँ

समझ नहीं होगी, वहाँ उलझने होंगी। बिना स्पष्टता के हमने चलना शुरू किया। हम चल तो रहे हैं। रास्ता भी तय हो रहा है, लेकिन यह चलना हमें कहाँ पहुँचाएगा, मालूम नहीं। हो सकता है कि हमें वहाँ पहुँचाए, जहाँ से हमें फिर से उसी दिशा में चलने की शुरुआत करनी पड़े, जहाँ से हम पहले चले थे। स्पष्टता के बिना चलना, चलना नहीं होता। ठीक इसी प्रकार ज्ञान के बिना कुछ भी करना करना नहीं होता। इसीलिए हमारे यहाँ ज्ञान प्राप्ति को एक प्रकार से ब्रह्म की प्राप्ति और मोक्ष की प्राप्ति का एक मार्ग बताया गया है। इसे कहा गया—ज्ञानमार्ग, यानी कि ज्ञान का एक ऐसा रास्ता, जिस पर चलकर आप ईश्वर तक पहुँच सकते हैं। एक ऐसा रास्ता, जिस पर चलकर आप उस मोक्ष को प्राप्त कर सकते हैं, जहाँ जीवन-मरण के सारे बँधन टूट जाते हैं।

जब प्रकाश नहीं, तो कुछ भी नहीं। प्रकाश के मार्ग का अवरोध छाया का निर्माण करती है, लेकिन व्यक्ति की पृष्ठभूमि में प्रकाश की उपस्थिति छाया का निर्माण नहीं करती। वह बनाती है-परछाई। बड़ा विचित्र शब्द है यह। यहाँ छाया तो है, लेकिन वह दूसरे की है। क्या यह चौंकाने वाली बात नहीं है कि छाया उसकी है और उसे कहा जा रहा है-परछाई, यानी कि पर की छाया। भला उसकी छाया दूसरे की छाया कैसे हो सकती है? यदि एक पीपल की छाया पीपल की छाया है, तो फिर मोहन की छाया मोहन की छाया क्यों नहीं होनी चाहिए, लेकिन ऐसा नहीं है।

बहुत गहरा बोध है इसके पीछे। बोध यह है कि प्रकाश की अनुपस्थिति में आपका शरीर भी आपका अपना नहीं, वह 'पर' का हो जाता है। ज्ञान की अनुपस्थिति में आप, आप रह ही नहीं जाते। आप कुछ और हो जाते हैं। यदि आपको ज्ञान का बोध गया, तो आप स्वयं नहीं रह जाएँगे। 'पर' बन जाएँगे आप। आप, आप तभी तक हैं, जब तक कि आप 'स्व' की चेतना में स्थित हैं और कोई व्यक्ति 'स्व' की चेतना में तभी तक रह सकता है, जब तक उसके अन्दर ज्ञान का प्रकाश हो। प्रकाश होने पर परछाई नहीं होगी। तब तो आप स्वयं ही होंगे।

यदि हम अपने ही गहरे उतरें, तो कुछ दूरी तक उतरने के बाद हमें

लगने लगेगा कि सचमुच में हम सभी 'हम' न होकर 'पर' हो गए हैं। हमारा अपना तो हमारे पास कुछ रह ही नहीं गया है। हम जो कुछ भी कर रहे हैं, कह रहे हैं, वह सब तो दूसरों का है, सिवाय इस शरीर के। तो बात साफ है कि इस शरीर से जो कुछ भी हो रहा है, वह स्वछाई न होकर परछाई ही तो हुई।

इसलिए यहाँ जिस प्रकाश की बात कही जा रही है, वह 'स्व' के 'बोध' का प्रकाश है। यह ज्ञान 'स्व' को जान लेने और 'स्व' को पा लेने का प्रकाश है। जब व्यक्ति अपनी निजता को पा लेता है, तो उसका इतना अधिक क्रांतिकारी रूपान्तरण हो जाता है कि उसे किसी की परवाह नहीं रह जाती, सिवाय स्वयं के। चूँकि वह दुनिया के सामने एक मौलिक, बिल्कुल नये व्यक्तित्व के रूप में सामने आता है, इसलिए वह विद्रोही भी करार दिया जाता है, लेकिन क्या दूसरों की कार्बन कॉपी बनकर जीने की बजाय खुद का सूखा पत्ता ही बनकर जीना बेहतर नहीं है?

सच पूछिए तो ऐसे ही व्यक्तित्व दूसरों के लिए छाया बन सकते हैं। परछाई किसी काम की नहीं होती। परछाई बनने से बचिए। बन सकते हैं तो प्रकाश का स्रोत बनिए, रौशनी का वृत्त बनिए। यदि यह नहीं बन सकते, तो छाया बनिए, लेकिन परछाई कभी मत बनिए। उसमें न तो सुख है और न ही आनन्द।

तो आइए, हम अपने अन्दर और बाहर के उन सारे अवरोधों को गिरा दें, जो आलोक के आगमन की राह में बाधा बने हुए हैं। बढ़ने दें अपने अन्दर प्रकाश की नदी को पूरी उन्मुक्तता और वेग के साथ, ताकि हमारा स्व पूरी स्पष्टता के साथ सामने आ सके। हम जो हैं, वह सचमुच में हो सकें।

और इस प्रकार आनन्द में निमग्न हो सकें।

◆◆◆

एक बार चित्रकार पिकासो कैफे में बैठे हुए थे। एक संभ्रांत महिला के अनुरोध पर उन्होंने एक नैपकिन पर उसका स्कैच बनाकर उस पर कीमत लिख दी- 3000 डालर। महिला बोली-"यह इतना महँगा क्यों है? आपको इसे बनाने में कुछ ही पल तो लगे हैं।" पिकासो बोले-"लेकिन मुझे इसे सीखने में पूरा जीवन लग गया।"

53 लक्ष्मण-रेखा की जरूरत

जड़ स्थायी होती है और उड़ान निहायत ही अस्थायी।

कम-से-कम मुझे तो एक बात पर बहुत ही अधिक अफसोस होता है और मैं समझ नहीं पाता कि लोग ऐसा क्यों करते हैं? चाहे वह सरकारी तंत्र हो या निजी क्षेत्र, अपने अधीन काम करने वाले लोगों के जीवन को उनके जीवन के समय से अधिक-से-अधिक वंचित करने का बहुत बड़ा गुनाह किया जाता है। एक तो वैसे ही जीवन इतना जटिल और व्यस्त हो गया है कि समय रहने के बावजूद लोगों के पास समय नहीं है। दूसरे जो उनके पास समय है, उसे भी वे संस्थान अपने हितों के लिए इस्तेमाल करने से कोई परहेज नहीं करते। आप निजी क्षेत्रों में देख लीजिए। लोग सुबह से रात तक (शाम तक नहीं) बैल की तरह पिले हुए हैं। ठीक है कि इसके बदले में उन्हें मोटी तनख्वाह दी जा रही है, लेकिन इस प्रश्न पर कभी भी विचार करने की कोशिश नहीं की जाती कि आखिर वे उस मोटी तनख्वाह का करेंगे क्या?

हमारा पूरा जीवन इसी तरीके से व्यतीत हो जाता है कि जब दाँत थे, तो खाने को चने नहीं थे और अब; जबकि हमारे पास खाने को ढेर सारे चने हैं, तो उन्हें खाने के लिए दाँत नहीं रह गए हैं। ऊँचे पदों पर बैठे हुए लोग कम-से-कम इतने बुद्धिजीवी तो हैं ही कि वे जीवन की गुणवत्ता के बारे में कुछ-न-कुछ सोच ही सकते हैं। आजकल तो बड़े संस्थानों में और यहाँ तक कि सरकारी तंत्र में भी मानव संसाधन के विकास की बात बड़े जोर-शोर से की

जा रही है और उसके लिए अलग से विभाग भी बना दिए गए हैं, लेकिन क्या लोगों को उनके कार्य में दक्ष बना देने से ही उनका विकास हो जाएगा?

हमारे तंत्र की एक बहुत बड़ी कमी यह है कि वह किसी भी बात को एकांगी दृष्टिकोण के साथ देखता है, सम्पूर्णता के साथ नहीं। उसके लिए एक व्यक्ति का जीवन उसको दी जाने वाली तनख्वाह और उस तनख्वाह के बदले में किए जाने वाले उत्पादन का ही पर्याय बन गया है। मायोपिया की शिकार उसकी आँखें इतना दूर तक देख नहीं पातीं कि उसकी सम्पूर्ण जीवन-पद्धति क्या है? वह इस बात को बिल्कुल ही नज़रअन्दाज़ कर देती है कि जीवन में न तो पद और न ही पैसा इतने महत्त्वपूर्ण हैं, जितने आपसी रिश्ते। हम पद को भोगते हैं, जीते नहीं हैं। पैसा भी भोगने की वस्तु है, जीने की नहीं। जीने का आधार तो है–'रिलेशनशिप।' फिर चाहे यह रिलेशनशिप अपने परिवार के सदस्यों के साथ हो, अपने पड़ोसी और अपने मित्रों के साथ हो या फिर दफ्तर में काम करने वाले अपने सहयोगियों के साथ हो।

और यदि आपको अपनी इस रिलेशनशिप को गहराई देनी है, तो निश्चित रूप से उसके लिए समय की ज़रूरत पड़ेगी। हमारा तंत्र आपकी क्षमता के अनुकूल आपको सब कुछ देने को तैयार है, सिवाय समय के। हम भी तो आज भौतिक वृत्तियों के इतने अधिक शिकार हो गए हैं कि अपने समय को गिरवी रखने के लिए सहर्ष तैयार हैं। यह बात अलग है कि बाद में हम इस बात को लेकर मन-ही-मन कुढ़ते रहते हैं। हम जो कुछ भी कर रहे हैं, भले ही अपनी मर्जी से क्यों न कर रहे हों, लेकिन उसमें आनन्द नहीं मिल रहा है। यहाँ तक कि उसे करने के बदले हमें जो आमदनी हो रही है, वह भी कुछ समय बाद हमें आनन्दित करने में नाकाम सिद्ध होने लगती है। इसके बावजूद हम ऐसा करते चले जाते हैं। क्या यह हमारे जीवन का सबसे अधिक विडम्बना से युक्त दृश्य नहीं है?

यदि सचमुच व्यक्ति का उद्देश्य जीवन में आनन्द का अनुभव करना है और यदि सचमुच संस्थानों का उद्देश्य व्यक्ति की क्षमताओं का अधिकतम उपयोग करना है, तो व्यक्ति को कहीं-न-कहीं स्वतंत्रता देनी ही होगी, एक

ऐसी स्वतंत्रता, जिसका उपयोग वह अपनी इच्छानुसार निर्द्वन्द्व भाव से कर सके। अन्यथा कोल्हू के बैल की तरह काम करने में न तो कर्म का आनन्द होगा और न ही उनकी क्षमताओं का अधिकतम उपयोग। आज की यह औद्योगिक संस्कृति इसे जितनी जल्दी समझ लेगी, उतनी ही जल्दी वह अपना भला करेगी। अन्यथा निश्चित रूप से उसकी दिशा का अन्त कब्रिस्तान में ही होना है, फिर चाहे वह व्यक्ति हो या संस्थान।

लक्ष्मण-रेखा को हमें अपने जीवन का सत्य बनाना ही चाहिए, फिर चाहे यह रेखा संस्थान खींचे या हमें स्वयं ही खींचनी पड़े। एक अनियंत्रित विकास तथा एक अनियंत्रित महात्वाकांक्षा हमें अनियंत्रित जल-समूह की तरह डुबोएगी ही डुबोएगी। मुझे लगता है कि शायद हमारे संस्थान इसे समझने की स्थिति में नहीं हैं, क्योंकि वहाँ लोगों के आने और जाने का क्रम लगातार बना रहता है। इसलिए हमें खुद ही अपने हित को देखना होगा।

आप ऐसा कतई न समझें कि स्वयं के द्वारा उकेरी गई यह लक्ष्मण-रेखा आपकी उस स्वतंत्रता का हनन करेगी, जिसकी मैं यहाँ वकालत कर रहा हूँ। ऐसा बिल्कुल भी नहीं है। सच तो यह है कि यह लक्ष्मण-रेखा आपको पहले से अधिक अनुशासित करके आपको और अधिक स्वतंत्र करेगी; एक ऐसी स्वतंत्रता प्रदान करेगी, जिसमें आप जीवन का सही लुत्फ उठा सकेंगे। अब यह पूरी तरह आपके ऊपर है कि आप महत्वाकांक्षा के घोड़े पर सवार होकर आकाश में उड़ना चाहते हैं या फिर धरती की जड़ों से जुड़कर जिन्दगी को आनन्द से सींचना चाहते हैं। जड़ स्थायी होती है और उड़ान निहायत ही अस्थायी।

जड़ से जुड़ेंगे, तो आपको हमेशा आनन्द का रस मिलता रहेगा।

◆◆◆

सन् 1999 में 'टूर डे फ्रांस साइकिल रेस' जीतने के बाद लांस आर्मस्ट्रांग ने कहा था कि ''यदि मुझे कैंसर और टूर डे फ्रांस में से किसी एक को चुनने को कहा जाए, तो मैं कैंसर को ही चुनूँगा, क्योंकि इसने मुझे जीवन में संघर्ष करने की प्रेरणा दी है।''

54 विकल्प ही हैं आजादी

चूँकि आपके पास विकल्प हैं, इसलिए इस बात पर विश्वास कीजिये कि उपाय भी हैं।

विकल्प! जी, हाँ, विकल्प। बहुत छोटा-सा शब्द है यह, लेकिन अपने-आपमें बहुत अधिक अद्भुत गुण लिए हुए। इसका मतलब है—चुनने की स्वतंत्रता और जहाँ चुनने की स्वतंत्रता होती है, वहीं आज़ादी होती है और जहाँ आज़ादी होती है, वहीं होता है—जीवन। आनन्द की प्राप्ति के लिए यदि जीवन जरूरी है, तो सीधी-सी बात है कि जीवन जीने के लिए चाहिए-स्वतंत्रता और स्वतंत्रता तभी मौजूद रह सकती है, जब चुनने के विकल्प हों।

हम इसे लें या उसे लें, यदि हमारे पास यह सुविधा है, तो इसे ही हम कहेंगे-विकल्प। लोकतंत्र में यह विकल्प है। हम अपना मत इसे दे सकते हैं या उसे दे सकते हैं। यहाँ तक कि यदि हम चाहें तो किसी को भी न दें। यह पूरी तरह हमारी मर्जी पर है। यानी कि हम स्वतंत्र हैं।

क्या आपने कभी सोचा है कि विकल्प की यह उपस्थिति कितनी गहराई के साथ हमारे जीवन की गुणवत्ता के साथ जुड़ी हुई है? मैं जानता हूँ कि आपने नहीं सोचा होगा। बहुत लम्बे समय तक मैंने भी नहीं सोचा था। शायद आपके साथ और मेरे साथ भी ऐसा इसलिए होता रहा, क्योंकि जबसे हमने आँखें खोली हैं और अपना होश संभाला है, तब से हमारे सामने विकल्प का वरदान मौजूद रहा है। जी हाँ, विकल्प एक वरदान ही है। किसी भी मायने में इससे जरा भी कम नहीं है यह और यदि मैं यह कहूँ तो शायद

बिल्कुल गलत नहीं होगा कि हम सब इससे पहले इस बात पर बहुत गंभीरता से सोच चुके होते, यदि हमारे पास विकल्प नहीं होते। जब कोई चीज नहीं होती है, तभी उसका महत्व समझ में आता है। विकल्प की अनुपस्थिति ही हमें उसके महत्व का एहसास करा सकती थी, जो कम-से-कम मेरी पीढ़ी के लोगों के साथ तो नहीं रही।

क्या विकल्प की अनुपस्थिति का ही अर्थ तानाशाह की उपस्थिति नहीं है? क्या विकल्प की अनुपस्थिति का ही दूसरा अर्थ मजबूरी नहीं है? पहले आप इसके लिए बाध्य थे कि आपको सरकारी टेलीफोन लेना होगा। आप इसके लिए मजबूर थे। अब आपके सामने कई विकल्प मौजूद हैं। तो इस विकल्प की मौजूदगी ने हमें मजबूरी से मुक्त करके शक्तिशाली बना दिया है। अब हम चुन सकते हैं कि हम कौन-सा टेलीफोन लेंगे और हमारी चुनने की इस शक्ति ने इन विकल्पों पर दबाव डालकर अब इन्हें इस बात के लिए मजबूर कर दिया है कि वे अपने-आपको ठीक-ठाक रखें, ताकि हम उन्हें चुन सकें। तो देखा आपने विकल्प की ताकत को।

इस पूरी धरती पर केवल मनुष्य ही वह प्राणी है, जिसके सामने विकल्प का वरदान बिखरा पड़ा है। जानवरों के सामने कोई विकल्प नहीं है। कोई बैल यह नहीं चुन सकता कि वह हल में जुतना चाहेगा या गाड़ी में। यहाँ तक कि यह विकल्प तो देवताओं को भी उपलब्ध नहीं है। जी हाँ! देवताओं तक को उपलब्ध नहीं है यह। व्यक्ति को इस बात की छूट है कि वह कोई भी पाप कर सकता है। आगे जो होगा, देखा जाएगा, लेकिन वह कर तो सकता ही है, लेकिन देवताओं को पाप करने की छूट नहीं है। उन्हें पुण्य ही पुण्य करना है। क्या इस बिन्दु पर हम यह नहीं कह सकते कि मनुष्य देवताओं से भी अधिक स्वतंत्र है, क्योंकि उसके सामने हर तरह के विकल्प मौजूद हैं।

अब मैं आता हूँ अपने मुद्दे की बात पर। क्या हम ईश्वर के द्वारा दी गई विकल्प की इतनी श्रेष्ठतम सुविधा का उपयोग अपने जीवन को जीने के लिए कर रहे हैं? सोचकर देखिए कि आप किसका जीवन जी रहे हैं? क्या आप अपना जीवन जी रहे हैं? कहीं ऐसा तो नहीं कि हम समाज का, हजारों

साल पुरानी संस्कृति का या सैकड़ों वर्ष पुराने अपने पूर्वजों का जीवन जी रहे हैं? शायद आपको लगेगा कि चारों ओर विकल्प बिखरे पड़े हैं कि आप कोई भी जीवन जी सकते हैं, लेकिन उनकी तरफ हमारा ध्यान ही नहीं जाता। हम विकल्पों के इस महत्व को समझ ही नहीं पाते और अपनी स्वतंत्रताएँ अनजाने ही दूसरे के हाथों सौंप देते हैं। तो क्या इस प्रकार हम अपने विकल्पों का तर्पण करके स्वयं ही अपने ऊपर तानाशाही जीवन-पद्धति को आमंत्रण नहीं दे देते? मुझे तो लगता है कि हम ऐसा ही करते हैं।

तो क्या इससे मुक्त होने का कोई उपाय है? उपाय है और यह उपाय कोई दूसरा नहीं बताएगा। आपको स्वयं अपना उपाय निकालना होगा। चूँकि आपके पास विकल्प हैं, इसलिए इस बात पर विश्वास कीजिए कि उपाय भी हैं। उपाय तो वहाँ नहीं होते, जहाँ विकल्प नहीं रहते। हम तो विकल्पों के बीच जीने वाले प्राणी हैं। इसलिए उपाय भी हैं।

यह उपाय आपको निकालना ही पड़ेगा, क्योंकि इसके बिना आनन्द की गंगोत्री निकलेगी नहीं।

◆◆◆

अल्बेयर कामू के उपन्यास ''हैप्पीडेथ'' का नायक पेट्रिस किसी भी तरह सुखी होना चाहता है। वह एक ऐसे धनी वृद्ध की हत्या करता है, जो अपंग होने के कारण मौत का इंतजार कर रहा है। इसलिये इस वृद्ध की सहमति से पेट्रिस उसको जिंदगी से छुटकारा दिलाकर उसके पैसों से खूब ऐश करता है, लेकिन उसे सुख नहीं मिलता। आखिर में वह एकांत और सादगी में सुख पाता है। इसको भी चैपलीन के वर्दू की तरह 'कत्ल का धंधा पसंद नहीं आया।'

55 यदि पाना है, तो देना होगा

हमारे जीवन की कॉपी में कभी भी दो और दो चार नहीं होते। वहाँ कुछ-न-कुछ भूल-चूक रह ही जाती है।

जब छमा-छम बरसात होती है, तब, अब तक खाली पड़े नदी-नाले अपनी मर्यादाओं को तोड़कर उफनने लगते हैं और ठूठे पेड़ों पर कोपलें फूटने लगती हैं। पूरी धरती हरिया उठती है। चारों ओर गीला-गीला सा अनुभव वाला माहौल बन जाता है।

आकाश से गिरती हुई बूँदों को देखकर लगता है कि सचमुच में आकाश कितना दानी है। वह इस धरती को लगातार देता जा रहा है और उसकी प्यास को बुझाकर उसे तृप्त कर रहा है। दानी ही नहीं बल्कि महादानी दिखाई देने लगता है हमें बादल, लेकिन क्या हमारा यह सोचना पूरी तरह सही है?

इस बारे में मेरी सोच इसके विपरीत है। आपकी आप जानें। मैं तो यही मानकर चलता हूँ कि कोई किसी को कुछ नहीं देता या तो हम खुद लेते हैं, या फिर हमारा दिया हुआ ही हमें वापस दिया जाता है। कोई कुछ दे ही नहीं सकता। पृथ्वी हमें अनाज देती है, लेकिन तभी, जब हम धरती में बीज डालें। यह बात अलग है कि हम डालते एक बीज हैं और बदले में हमें मिलते हैं- हजारों बीज, लेकिन मिलते तभी हैं, जब हम पहले उसमें डालते हैं।

अब बादलों की ही बात को लें। वे पानी दे रहे हैं। हम खुश हैं कि हमें मिल रहा है। नदियाँ भर गई हैं और वे तेजी से दौड़ती हुई अपने-आपको समुद्र में विलीन कर रही हैं। नालियाँ नालों में, नाले नदियों में, नदियाँ सागर

में और सागर महासागर में, यही है हमारे विलीन होते चले जाने का क्रम। समुद्र खुश है कि उसमें पानी आ रहा है। वह बादलों के प्रति कृतज्ञ है कि बादल उसे भर रहे हैं, लेकिन सच्चाई तो कुछ और ही है।

सच्चाई यह है कि पहले समुद्र ने ही अपने-आपको गर्म किया। अपने-आपको तपाया। उबलने की इस प्रक्रिया से उसके तरल पदार्थ का वाष्पीकरण हुआ। पानी वाष्प में बदला और यही वाष्प बादल बना। यदि समुद्र ने अपने-आपको तपाया नहीं होता, तो क्या बादल उसके ऊपर बरसात करते? यहाँ उत्तर देने की जरूरत नहीं है। पहले समुद्र ने ही अपने-आपको बादल को समर्पित किया है। बादल इस मायने में जरूर उदार है कि उसने समुद्र के इस समर्पण का जवाब अपने समर्पण से दिया। उसने खाली कर दिया अपने-आपको और भर दिया फिर से समुद्र के खालीपन को, लेकिन भरा तभी, जब पहले उसने लिया। बिना लिए वह भर नहीं सकता था।

प्रकृति का यह अनवरत क्रम हमारे जीवन पर भी उतनी ही शिद्दत के साथ लागू होता है। हमारी दुःखद स्थिति यह है कि हम पाना चाहते हैं, लेना चाहते हैं, लेकिन देना कुछ नहीं चाहते। बिना दिए ही सब कुछ पा लेने की आकांक्षा हमारे दुःख और बेचैनी के केन्द्र में काम करती है। यह तो पूरी तरह से एक तरफा मामला हुआ और भला एक तरफा मामला चल कितने दिन सकता है? यदि इसे लम्बा निभाना है, तो इसे दो तरफा बनाना ही होगा। आप यह सोचकर देखिए कि देने वाला भी कब तक और कितना देता रहेगा। बदले में उसे कुछ तो मिले। ''बदले में कुछ तो मिले'', शब्द का अर्थ इस रूप में न लगाया जाए कि जब हम किसी को कुछ देते हैं, तो बदले की आशा से ही देते हैं। बल्कि इसका अर्थ यह लगाया जाए कि जब कुछ वापस आएगा ही नहीं, तो फिर देने के लिए होगा ही क्या। देने और लेने का तो यह एक चक्र है, जिसे चलाए रखने के लिए इन दोनों की जरूरत होती है।

हमारा जीवन हमारी अपनी ही ध्वनि की प्रतिध्वनि है। यह बुमरेंग की तरह है, जो अन्ततः लौटकर हमारे ही तरकश में आ जाता है। हमारे यहाँ जीवन के इसी नियम को 'जैसा करोगे वैसा भरोगे' तथा 'जैसा बोओगे वैसा काटोगे' के रूप में समझाया और बताया गया है।

मैं आपको विश्वास दिलाना चाहूँगा कि सचमुच यह जीवन कई मायनों में तो बिल्कुल गणित के शास्त्र की तरह काम करता है। यह बात अलग है कि हमारे जीवन की कॉपी में कभी भी दो और दो चार नहीं होते। वहाँ कुछ-न-कुछ भूल-चूक रह ही जाती है, लेकिन हमें यह मानकर चलना ही चाहिए कि यह भूल-चूक इतनी बड़ी नहीं होती कि रंक राजा हो जाए और राजा रंक। वहाँ भी चीजें एक चक्र की गति से और निश्चित नियम के तहत ही घटती हैं। हाँ, रहस्य के लिए जरूर थोड़ी गुंजाइश छोड़ देनी चाहिए और यह भी रहस्य कोई ऐसा नहीं होता, जिसे जाना न जा सके। हाँ, यह अवश्य है कि हम अब तक इसे जान नही पाए हैं, इसलिए यह रहस्य है, जिस दिन इस रहस्य को जान लिया जाएगा, उसी दिन यह रहस्य भी ज्ञान और विज्ञान कहलाने लगेगा।

जीवन के इस सत्य को स्वीकारने का सबसे बड़ा लाभ यह होता है कि फिर हमारा ध्यान लेने से अधिक देने पर केन्द्रित हो जाता है। यदि हमें नहीं मिल रहा है, तो हम दुःखी नहीं होते। बल्कि देने की सोचने लगते हैं, ताकि आगे हमें मिल सके। हम यह मान लेते हैं कि यदि मुझे इज्जत पानी है, तो पहले सामने वाले को इज्जत देनी होगी। व्यक्ति मेरे द्वारा दी गई इज्जत को ही बढ़ाकर मुझे वापस सौंप देगा।

क्या आपको नहीं लगता कि इतना जान लेने भर से अपेक्षाओं से पैदा हुए ढेर सारे संकटों का हल निकल आएगा ? और इस हल के निकलने का अर्थ है-आनन्द के सूर्य का निकल आना।

♦♦♦

अप्रैल 1945 में जब जर्मनी भयंकर रणक्षेत्र बना हुआ था। हिटलर ने बर्लिन के एक बंकर में बर्लिन के कमांडेट मेजर जनरल मोके को बुलाया और उससे कहा कि मैंने अपने अंतिम संस्कार की तैयारियाँ कर ली हैं। हिटलर ने जनरल से अनुरोध किया कि यदि संभव हो, तो उसे 5 मई तक बचाए रखे। मोके ने पूछा-" 5 मई ही क्यों? 10-15 मई क्यों नहीं?" हिटलर ने कहा- "नेपोलियन 5 मई को ही मरा था।"

56 पहले खुद से प्रेम फिर खुदाई से

स्वयं के प्रति प्रेम का भाव ही सर्वस्व के प्रति प्रेम के भाव के रूप में विस्तारित होता है।

हम सब किसी-न-किसी से प्रेम करते हैं और कोई-न-कोई हमसे प्रेम करता है। इस प्रेम को 'जीवन का सार' कहा गया है और यह मानना गलत भी नहीं है कि यदि यह नहीं होगा, तो जीवन भी नहीं होगा, क्योंकि यदि यह नहीं होगा तो घृणा होगी, जिसकी परिणति प्रतिशोध एवं हिंसा ही हो सकती है। चाहे वह धर्म हो या नीति, हर जगह प्रेम को महत्वपूर्ण माना गया है और यह प्रेम दूसरों से प्रेम करने से जुड़ा हुआ है।

लेकिन कभी-कभी मुझे लगता है कि क्या हम सचमुच दूसरों से प्रेम करते हैं? क्या ऐसा नहीं है कि सही मायने में हम अपने आप से ही प्रेम करते हैं और चूँकि हम अपने आप से प्रेम करते हैं, इसीलिए दूसरों से प्रेम कर पाते हैं। या यह भी कहा जा सकता है कि हम दूसरों से प्रेम करते ही नहीं। हमारा अपने से किया जाने वाला प्रेम ही दूसरों से किए जाने वाले प्रेम के रूप में दिखाई देता है।

यह एक सामान्य-सा सिद्धान्त है कि जिसके पास जो कुछ होगा, वही वह दूसरों को देगा। भयभीत व्यक्ति हमेशा दूसरों को भयभीत ही करता है। इस आधार पर यह कहना शायद गलत नहीं होगा कि जिसके पास प्रेम नहीं होगा, वह दूसरों को भला प्रेम कैसे दे सकता है। दूसरों को प्रेम न दे पाना ही दूसरों से प्रेम न कर पाना है।

फिर यह भी तो है कि दूसरे को प्रेम करने के लिए हमें यह

जानना भी तो पड़ेगा कि प्रेम होता क्या है। प्रेम किया कैसे जाता है और इसकी अनुभूति कैसी होती है। आखिर इसकी शुरुआत कहाँ से होगी? इसकी शुरुआत सिर्फ अपने से हो सकती है। यह हमारा दुर्भाग्य ही है कि हमें यह तो कहा जाता है कि दूसरों से प्रेम करो, लेकिन यह कभी नहीं कहा जाता कि अपने-आप से प्रेम करो। हाँ, ईसा मसीह ने जरूर यह अद्भुत बात कही थी कि "तुम अपने पड़ोसी से ठीक वैसा ही प्रेम करो, जैसा कि तुम अपने आप से करते हो।" लेकिन भारतीय चिन्तन में ऐसा करना घोर व्यक्तिवादी होने का प्रमाण माना जाता है। इसलिए हम लोगों की प्रवृत्ति एक प्रकार से आत्म-उपेक्षा की वृत्ति बन गई है। त्याग पर इतना अधिक जोर दिया गया है कि वह स्वयं के त्याग के चरम बिन्दु तक पहुँच गया है। साथ ही जहाँ कठोर साधना गरिमामण्डित होती हो, वहाँ स्वयं से प्रेम करने की संभावना न्यून भी नहीं रह जाती।

दार्शनिक स्थिति चाहे जो भी हो, लोग चाहे जो भी कहते हों, या करते हों, लेकिन सच्चाई यही है कि हम सब अपने आप से ही प्रेम करते हैं और यह बात हमें खुले रूप में स्वीकार क्यों नही करनी चाहिए? यदि दूसरों से प्रेम करना बुरी बात नहीं है, तो फिर अपने से प्रेम करना भला बुरी बात कैसे हो सकती है? स्वयं के प्रति प्रेम का भाव ही सर्वस्व के प्रति प्रेम के भाव के रूप में विस्तारित होता है। स्वयं में यह अंगीकृत होकर संसार में परिणित होता है। मैं दूसरों से केवल इसलिए प्रेम कर पाता हूँ, क्योंकि मैं स्वयं से प्रेम करता हूँ। यह लज्जा की बात नहीं, बल्कि गर्व की बात है। यही भाव मेरे अन्दर को एक अद्भुत अनुभव से भर देता है। अपने प्रति एक विलक्षण आत्मविश्वास पैदा कर देता है और इसी अनुभव और आत्मविश्वास के उड़न- खटोले पर बैठकर मैं पूरे विश्व का स्पर्श करना चाहता हूँ।

तो आइए, सबसे पहले हम अपने अन्दर टटोलकर यह देखें कि क्या हम सचमुच अपने-आपसे प्रेम नहीं करते?

मदर टेरेसा जैसे अपवादों को छोड़कर आप अपने आसपास के लोगों में यदि इस प्रेम की तलाश करना चाहें, तो यह आपको उन लोगों के पास बहुत मुश्किल से और बहुत कम मात्रा में मिलेगा, जो एकाकी जीवन

जी रहे हैं। ऐसे ज्यादातर लोग फ्रस्ट्रेटेड ही देखे गए हैं, फिर चाहे वह पुरुष हो अथवा स्त्री। बाहर से चाहे वे प्रेम लुटाने का कितना भी नाटक क्यों न कर लें, लेकिन अन्दर से उनमें उपेक्षा, तिरस्कार, द्वेष, ईर्ष्या और आत्महन्ता के काँटे ही उगते रहते हैं। जैसे-जैसे उम्र बढ़ती जाती है, वैसे-वैसे ये काँटे और अधिक लम्बे और नुकीले होते जाते हैं। अपने एकाकीपन का उदात्तीकरण करके, अपनी भावनाओं को भाँप बनाकर तपती झुलसती हुई दुनिया पर बादल बनकर बरस जाने की ताकत तो मदर टेरेसा जैसी इक्के-दुक्के में ही होती है।

सोचिए कि ऐसा क्यों होता है? उत्तर बहुत सहज है। प्रेम का अर्थ है-गीलापन। जहाँ गीलापन होगा, वहाँ से सूखेपन को रुखसत होना पड़ेगा। गीलापन अणुओं को, तन्तुओं को चिपकाता है। उन्हें चिपकाकर एक नई शक्ल देता है। इसलिए यह रचनात्मक भी है। जो रचेगा, वही दुनिया वालों को रुचेगा भी और उस गीलेपन की शुरुआत होती है-स्वयं से। प्रेम से लबालब भरा यह व्यक्तित्व आगे चलकर खुद को उलीचने लगता है। यदि आप खुद में रीते रहेंगे, तो क्या खाक उलीचेंगे।

जो अपने आपको जितना उलीचेगा, उसके अन्दर आनन्द के लिए उतना ही अधिक स्थान बनता चला जाएगा।

◆◆◆

'रोमा रोलां का भारत' पुस्तक में एक जिक्र है। इसमें रोमा रोलां ने गांधीजी के सहयोगी पियर्सन से एक सवाल किया था कि "गांधी की आवाज कैसी है?" पियर्सन ने उत्तर दिया था "गांधी की कोई आवाज नहीं। जैसे हम यहाँ बातें कर रहे हैं, वे इससे अधिक जोर से नहीं बोलते।"

"तो क्या उनकी आवाज सुनाई नहीं पड़ती?"

"नहीं लोग उसे नहीं सुनते। भीड़ की दृष्टि उनके ओठों पर टिकी होती है।" पियर्सन ने बताया।

57 सन्देहास्पद होते हैं ज्यादातर तनाव

मैंने लोगों को इसलिए भी तनावग्रस्त होते देखा है,
क्योंकि उनके पास तनाव के लिए कोई कारण नहीं है।

तनाव विरोधी है आनन्द का। जब भी और जितना भी तनाव रहेगा, उसी अनुपात में आनन्द की अनुपस्थिति रहेगी। मतलब साफ है कि यदि आनन्द चाहिए हमें अपने जीवन में, तो तनाव से छुटकारा पाना होगा।

जीवन में तनाव के बहुत से कारण होते हैं। यहाँ तक कि जीवन की हर गतिविधि एवं हर पल में तनाव अन्तर्निहित होता है। मुझे तो यही लगता है कि यदि यह नहीं है, तो जीवन भी नहीं है। यदि आप मेरी इस बात से थोड़े भी सहमत हैं, तो आपके मन में यह प्रश्न स्वाभाविक रूप से आएगा कि यदि तनाव अपरिहार्य ही है, उससे छुटकारा ही नहीं है, तो फिर जीवन की सच्चाई यही हुई कि 'जीवन में आनन्द आ ही नहीं सकता, क्योंकि तनाव और आनन्द दोनों एक साथ नहीं रह सकते।' यदि आप ऐसा सोच रहे हैं, तो सही सोच रहे हैं। यह सत्य है कि ये दोनों एक साथ नहीं रह सकते। फिर यह भी सत्य है कि हमारे जीवन के सभी कार्यों का अन्तिम उद्देश्य आनन्द की प्राप्ति करना होता है। तो फिर ऐसा कैसे संभव है। क्या यह संभव है भी ?

हाँ, संभव है। ऐसा होना संभव है और इसे संभव किए बिना जीवन भी एक निरुद्देश्य भटकते हुए राहगीर की अंतहीन एवं मंजिलरहित यात्रा की तरह हो जाएगा। आपके प्रश्न का उत्तर मेरे इस आरम्भिक प्रश्न में निहित है कि हम आखिर तनाव को तनाव मानते ही क्यों हैं ? या इसे इस तरह कह लीजिए कि

क्या सचमुच में तनाव कुछ होता है? और यदि होता है, तो क्या यह बुरा है और सचमुच में आनंद का विरोधी है? यह ऐसा मूल प्रश्न है, जिसका उत्तर हमें पाना ही होगा, यदि हम सही अर्थों में आनंद पाना चाहते हैं तो।

तनाव का अर्थ खिंचाव से है। यह हमारे स्नायुतंत्र की वह स्थिति है, जब किसी विचार एवं आवेग के फलस्वरूप हमारी नसों में, विशेषकर मस्तिष्क की नसों में खिंचाव आ जाता है यानी कि शिथिल पड़े हुए तारों में ताज़गी आ जाती है, सजगता आ जाती है। यह तनाव की जैविकीय परिभाषा हुई।

इसकी दूसरी परिभाषा भावनापरक है और यही हम सबकी चिन्ता का कारण है। कोई बात, कोई घटना जब हमें चिन्ताग्रस्त कर देती है, तो हम उसे तनाव का नाम दे देते हैं। इस क्रिया में पहले हमारे स्नायुतंत्र में खिंचाव आता है और बाद में उस खिंचाव का सबसे अधिक धक्का हमारे हृदय पर पड़ता है। बस यही हमारे लिए खतरनाक हो जाता है, क्योंकि शरीर की तो एक जैविक प्रणाली है, जो अपने प्राकृतिक (वैज्ञानिक) नियमों के तहत काम करती है। इसलिए यह प्रत्येक क्रिया के प्रति अपनी प्रतिक्रिया व्यक्त करता है।

इस परिभाषा को जानने के बाद अब हम इस बात पर आते हैं कि तनाव को जन्म देने वाले कारक कौन से हैं? कम-से-कम मुझे तो यह लगता है कि इसे बता पाना बहुत कठिन है, क्योंकि मैंने लोगों को इसलिए भी तनावग्रस्त होते देखा है, क्योंकि उनके पास तनाव के लिए कोई कारण नहीं है। अब आप ही बताएँ कि ऐसी स्थिति में उन कारणों की पहचान कैसे की जा सकती है?

फिर भी मोटे तौर पर यह कहा जा सकता है कि जो भी घटना या बातें हमारे स्वार्थ (भौतिक, मानसिक एवं भावनात्मक; इन तीनों जगत की) को चोट पहुँचाती हैं, हमारे तनाव का कारण बन जाती हैं। वैसे तो तनाव के बहुत सारे कारण हैं, लेकिन मैंने महसूस किया है कि इसका सबसे प्रमुख कारण होता है-अपने स्वार्थ पर होने वाला आघात। मुझे यह कहने में तनिक भी संकोच नहीं है कि मनुष्य मूलतः स्वार्थी प्राणी है और मुझे यह भी कहने में कोई संकोच नहीं है कि ऐसा होना कोई बहुत बुरी बात नहीं है, बशर्ते कि आप दूसरे के स्वार्थ को चोट पहुँचाये बिना ही अपने स्वार्थ को साधते रहें। जैसे ही व्यक्ति किसी भी कारण, घटना, वाक्य और विचार से अपने इस स्वार्थ पर आघात होता हुआ

महसूस करता है, वैसे ही उसके दिमाग में तनाव की स्थिति बन जाती है और जैसे ही तनाव आता है, वैसे ही वह अपना संतुलन धीरे-धीरे खोने लगता है और संतुलन गया नहीं कि आनन्द गया।

जहाँ तक जिन्दगी की छोटी-छोटी परेशानियों का प्रश्न है, वे तनाव नहीं होतीं। वे सब तो सामान्य-सी बातें होती हैं और ये उसी तरह होती हैं, जैसे कि दाल में नमक। इसीलिए हमें इनको लेकर इतना परेशान नहीं होना चाहिए कि हमारे आनन्द में ही बाधा पड़ जाए।

जहाँ तक स्वार्थ पर होने वाली बड़ी चोट का सवाल है, यहाँ हमें विशेष रूप से अपने आपको व्यवस्थित करना होगा। इसके लिए मुझे 'जियो और जीने दो' का नारा सबसे अच्छा मालूम पड़ता है। हमें जिन्दगी के प्रति यह दृष्टिकोण अपनाना ही होगा कि "हम तभी हैं, जबकि दूसरे लोग हैं।" यदि दूसरे नहीं होंगे, तो हम भी नहीं होंगे और ये दूसरे तभी होंगे, जब उनका अपना स्वार्थ सिद्ध होगा। महाभारत युद्ध से पहले अर्जुन ने कृष्ण से यही प्रश्न किया था -"हे कृष्ण, यदि युद्ध में मेरे अपने सब मार दिए जाएँगे, तो फिर मैं राज्य किस पर करूँगा।"

सचमुच, यह तनाव को समाप्त करने का और आनन्द को अनुभूत करने का सर्वोत्तम मंत्र है। यदि एक बार यह आपके दिल और दिमाग में बैठ गया, तो आप समझ लीजिए कि जिन्दगी के 90 प्रतिशत तनावों से आपने मुक्ति पा ली और जैसे ही आप तनावों से मुक्ति पाते हैं, आनन्द अपने आप आ जाता है।

♦♦♦

मोहम्मद रफी के बचपन के दोस्त कुंदन सिंह के अनुसार "लाहौर जाने के बाद फीको (रफी के बचपन का नाम) जिला काजर खाँ इलाके में नाई का काम करने लगा। एक दिन उनके पास दाढ़ी बनवाने के लिए लाहौर रेडियो स्टेशन के डायरेक्टर आए। दाढ़ी बनाते समय फीको गुनगुना रहा था। उन्होंने फीको को गाने का मौका दिया। रेडियो पर गाना सुनकर 1944 में अभिनेता नासिर ने उसे बम्बई बुला लिया और फिर शुरू हो गया उसका फिल्मी सफर।"

ऑर्डर करने के लिए : www.bentenbooks.com

लेखक की अन्य पुस्तकें

'लाइफ मंत्रा'

मूल्य, रु. 150/-

'समय आपकी मुट्ठी में'

समय को साधने के गुर
सिखाने वाली एक अद्‌भुत पुस्तक।

मूल्य, रु. 195/-

'क्या करें कि...बात बन जाए'

मूल्य, रु. 175/-

'मन को जीतो दुनिया जीतो'

अपने अंदर छुपी शक्तियों को पहचानने
और सफल होने के नुस्खे

मूल्य, रु. 175/-

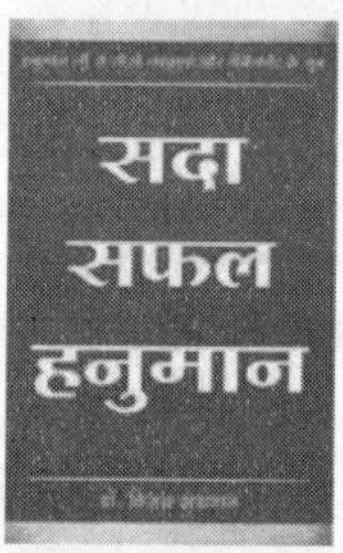

'सदा सफल हनुमान'

हनुमानजी से सीखें सफलता और
मैनेजमेंट के सूत्र।

मूल्य, रु. 150/-

यह किताब राम के ज़रीए उस जादुई तत्व की तलाश करती है, जिसके मिलते ही कोई भी राम बन जाता है। जी हाँ, आप भी।

विश्लेषण एकदम नया है, चामत्कारिक और रोमांचकारी भी। राम के चरित्र के इतने नये आयाम आपको इसमें पहली बार देखने को मिलेंगे।

राम क्या थे ? इस सवाल के जवाब में प्रश्न यह है कि वे क्या नहीं थे- एक आदर्श पुत्र, पति, भाई, शासक, देव, दोस्त, सहायक तथा और भी न जाने क्या-क्या ? जाहिर है कि राम के चरित्र का यह आदर्श रूप भला किसको सम्मोहित नहीं करेगाल्ल ! यदि आपके साथ भी ऐसा है, और आप भी उनके जैसा ही कुछ होना चाहते हैं, तो निश्चित तौर पर यह किताब आपकी मदद करेगी।

किताब मूलतः एक यात्रा है, राम के उस रहस्य को खोजने की जिसने उन्हें भगवान बना दिया।

125 रु.

फिल्में हमें हँसाती हैं। फिल्में हमें रुलाती हैं। तो क्या ये हमें कुछ सिखाती भी हैं? इस प्रश्न का उत्तर है, 'जी हाँ, फिल्मों का सफेद बड़ा परदा कागज का एक विशाल पन्ना होता है, जिस पर तस्वीर के अक्षर उभरकर हमें अपनी-अपनी जिन्दगियों के लिए न जानें कितनी सीखें दे जाते हैं। इस तरह की कई सीखों को आप इस किताब में पढ़कर रोमांच से भर उठेंगे। साथ ही यह किताब आपको फिल्मों को देखने का एक ऐसा मज़ेदार नज़रिया देगी कि अब से फिल्म आपके लिए पाठशाला भी बन जायेगी।

प्रसिद्ध फिल्म समीक्षक एवं 'दैनिक भास्कर' में 'परदे के पीछे' कॉलम के बेहद लोकप्रिय लेखक श्री जयप्रकाश चौकसे ने अपनी कलम से यह करिश्मा कर दिखाया है। लेखक के कहने का अंदाज इतना नया और रोचक है कि आप इस किताब को पढ़ते हुए फिल्म को देखने का भी आनंद उठा सकते हैं।

यह पुस्तकें किताब-दुकान में न मिलने पर संपर्क करें- फोन- 0755-4245626

दिमाग ही दुश्मन है

"यू. जी. कृष्णमूर्ति मेरे कथा नायक हैं। मेरा यू. जी. से मिलने आना मौत के अनुभव का मेरा अपना तरीका है।" ***–महेश भट्ट, प्रसिद्ध फिल्म निर्माता व निर्देशक***

इस पुस्तक में यू. जी. कृष्णमूर्ति के साथ की गई बातचीत के अंश हैं, जो किसी भी बात को बिलकुल उसी तरह कहते हैं, जिस तरह कही जानी चाहिए। निश्चित रूप से यह पुस्तक उन लोगों के लिए नहीं है, जो इसे पढ़कर शांति, सत्य या ब्रह्म की प्राप्ति करना चाहते हैं। लेकिन यह उनके लिए अवश्य है, जो अपने दिमाग की चालबाजियों को समझना चाहते हैं और स्वयं को इस जाल में फँसने से बचाना चाहते हैं। यू. जी. के साथ किया गया यह वार्तालाप एक ऐसी यथार्थवादी और मौलिक दृष्टि प्रदान करता है, जिसकी ओर कभी भी हमारा ध्यान सपने में भी नहीं जाता। यू. जी. की बातें और उनके विचार हमें सहलाते नहीं, बल्कि थप्पड़ मारते हैं। सहलाने और थपथपाने में उनका तनिक भी विश्वास नहीं है। जो व्यक्ति अपने आपके प्रति निर्मम हो सकता है, वही यू. जी. के इन विचारों से लाभ उठाकर अपने जीवन को एक नई दिशा प्रदान कर सकता है। सचमुच यह जानना बहुत दुखद लगता है कि हम अपने उस दिमाग को ही अपना दुश्मन मान रहे हैं, जिसे हम अब तक अपना सबसे बड़ा मित्र समझते थे। लेकिन सच्चाई क्या है, इसे इस पुस्तक को पढ़ने के बाद ही जाना जा सकेगा।

इस पुस्तक में प्रेम, भोग, ईश्वर, सांसारिकता, ध्यान, शान्ति, चिंता, अहंकार, प्रार्थना तथा मृत्यु जैसे अनेक विषयों पर ओशो के विचारों का निचोड़ मौजूद है। यदि आप यह निचोड़ पाना चाहते हैं, तो निःसंदेह रूप से यह किताब आपके लिए है।

साथ ही यह किताब आपको ओशो के कहने के ढंग का स्वाद भी प्रदान करेगी। पढ़ते समय आपको लगेगा कि आप ओशो की ही आवाज़ सुन रहे हैं।

इस पुस्तक में गूंजने वाली ओशो की आवाज़ आपके गहरे उतरकर आपके अन्दर एक ऐसी उठा–पटक मचाएगी कि जिससे उभरेगा आपका अपना एक नया 'मैं'।

इस किताब में यह ताकत है कि यह आपके अब तक के विचारों को दुरुस्त करके आपको वह स्पष्ट और ठोस दृष्टि प्रदान करेगी, जिससे आप अपनी जिन्दगी की नई राहें और नये दृष्य देख सकेंगे।

यदि आप यह मानते हैं कि कोई भी व्यक्ति अपने विचारों को बदलकर अपनी जिन्दगी को बदल सकता है, और अपनी समस्याओं से उबर सकता है, तो 'ओशो की आवाज़' इसमें आपकी मददगार साबित होगी।